Die Wildfrüchteküche

ANNETTE KRETZSCHMAR

Die Wildfrüchteküche

THORBECKE

HAFTUNGSAUSSCHLUSS:
VERLAG UND AUTORIN WEISEN AUSDRÜCKLICH DARAUF HIN, DASS DIESES BUCH KEIN MEDIZINISCHER RATGEBER IST UND KEINESFALLS DEN BESUCH BEIM ARZT ERSETZEN KANN.
DIE WIRKUNG VON WILDPFLANZEN IST NICHT IN JEDEM FALL ZUVERLÄSSIG VORHERSEHBAR. WER WILDPFLANZEN ANWENDET UND ZUBEREITET, HANDELT AUF EIGENE VERANTWORTUNG.

MIX
Papier aus verantwortungsvollen Quellen
FSC® C095359

FÜR DIE SCHWABENVERLAG AG IST NACHHALTIGKEIT EIN WICHTIGER MASSSTAB IHRES HANDELNS. WIR ACHTEN DAHER AUF DEN EINSATZ UMWELTSCHONENDER RESSOURCEN UND MATERIALIEN. DIESES BUCH WURDE AUF FSC®-ZERTIFIZIERTEM PAPIER GEDRUCKT. FSC (FOREST STEWARDSHIP COUNCIL®) IST EINE NICHT STAATLICHE, GEMEINNÜTZIGE ORGANISATION, DIE SICH FÜR EINE ÖKOLOGISCHE UND SOZIAL VERANTWORTLICHE NUTZUNG DER WÄLDER UNSERER ERDE EINSETZT.

BIBLIOGRAFISCHE INFORMATION DER DEUTSCHEN NATIONALBIBLIOTHEK
DIE DEUTSCHE NATIONALBIBLIOTHEK VERZEICHNET DIESE PUBLIKATION IN DER DEUTSCHEN NATIONALBIBLIOGRAFIE; DETAILLIERTE BIBLIOGRAFISCHE DATEN SIND IM INTERNET ÜBER **HTTP://DNB.D-NB.DE** ABRUFBAR.

GESTALTUNG: FINKEN & BUMILLER, STUTTGART
DRUCK: HIMMER AG, AUGSBURG
HERGESTELLT IN DEUTSCHLAND
ISBN 978-3-7995-3568-7

Inhalt

Ernten Sie auch so gerne? – Ein Vorwort

Schon als Kind lernte ich von Oma Elly die besten Stellen für Walderdbeeren, Himbeeren und Heidelbeeren kennen. Oft holten wir zusammen schnell noch ein paar Champignons von der Wiese hinterm Haus für das Abendessen. Sie wusste genau, wann und wo etwas wachsen und reifen würde und wie man es lecker zubereitet. Das hat mich fasziniert. Auch im Garten meiner Eltern standen jede Menge Obstbäume, von jeder Art verschiedene Sorten. Im Herbst trockneten dann stiegenweise die Walnüsse auf dem Ofen, und die Hagebutten wurden sorgfältig für Tee entkernt. Die Kerne gaben herrliches Juckpulver! Dass wir immer zuerst die Äpfel essen sollten, die schon anfingen zu hutzeln, ging mir allerdings gegen den Strich. Am allerbesten schmeckten mir sowieso diejenigen, die ich während meiner Streifzüge durch Wald und Feld auf alten Streuobstwiesen oder von Bäumen am Wegrand aufgelesen hatte.

Ebenso sind meine Kindheitserinnerungen von vielen liebevoll zubereiteten Gaumenfreuden geprägt, die ich bald auch selbst zubereiten lernte. Zusammen mit den dazugehörigen Gerüchen verbinden sie sich zu einem Gefühl glücklicher Geborgenheit. Und Dankbarkeit! Dass es nicht selbstverständlich ist, mit solchen Erfahrungen aufzuwachsen, wurde mir erst später klar. Umso mehr liegt mir daran, sie weiterzugeben. Von unseren Vorfahren, die als Jäger und Sammler die Schätze der Natur aufzuspüren wussten, steckt wohl mehr in uns, als wir glauben. Wie sonst erklärt sich das triumphierende Glücksgefühl, wenn wir Körbe voller Früchte in die Küche tragen, die wir selbst gepflückt haben? Besonders dann, wenn sie erst aufgespürt und in geduldiger Kleinarbeit eingesammelt werden wollten. Häufig bekommt man sie sogar fast umsonst! Man muss nur einiges Wissen über die Wildfrüchte zusammentragen und sich dann auf den Weg machen. Kennen Sie das wundervolle Aroma von Walderdbeeren, wenn man gleich beim Pflücken eine Hand voll in den Mund wandern lässt? Einfach unübertrefflich! Aber Vorsicht: Manche essbaren Wildfrüchte, wie beispielsweise Holunderbeeren, sind roh ungenießbar!

Wer auf einem Fleckchen Erde bestimmen darf, welche Pflanzen bevorzugt wachsen sollen, kann den Weg zu den begehrten Früchten erheblich abkürzen. Unser jetziger Garten bietet mit gerade mal 50 Quadratmetern nur wenig Platz, und auch die Zeit für seine Pflege ist begrenzt. Deshalb liebe ich Pflanzen, die für Augen und Gaumen gleichermaßen attraktiv sind, vorzugsweise solche, die nicht ständig umsorgt werden wollen. Wildpflanzen und naturnahe, den hiesigen Bedingungen angepasste Sorten bewähren sich da besonders. Gleichzeitig locken sie Vögel und Igel in den Garten, die die Raupen, Läuse und Schnecken in Schach halten. Unzählige Wildbienen und viele Schmetterlinge besuchen die nektarreichen Blüten. Auf kleinstem Raum gibt es direkt hinterm Haus immer etwas zu beobachten und zu ernten.

Ganz nebenbei sind die bunten Wildfrüchte auch sehr gesund. Da sie kaum züchterisch verändert wurden, enthalten sie noch alle Stoffe, mit denen sie von der Natur ausgestattet wurden, um sich gegen Bakterien, Pilze und Fressfeinde zu schützen. Dazu gehören auch die Farbstoffe, wie die leuchtend orangefarbenen Carotinoide und die Anthocyane, die für die roten, blauen und violetten Farben verantwortlich sind. Wenn man regelmäßig

Wildfrüchte isst, entfalten diese Stoffe ihre schützende Wirkung auch auf den menschlichen Organismus. Sie hemmen durch ihre desinfizierenden, antimikrobiellen Eigenschaften Entzündungen, verzögern die Alterung der Haut und der Blutgefäße, halten das Herz-Kreislauf-System in Schwung und stärken das Immunsystem. Sanddorn und Hagebutten gehören zu den Vitamin C-reichsten Früchten überhaupt. Dieses Vitamin wird normalerweise durch Sauerstoff, Licht und Hitze leicht zerstört; die Biophenole und Fruchtsäuren von Hagebutten und Sanddornbeeren sorgen dafür, dass es nur langsam abgebaut wird. So enthalten selbst Teezubereitungen, Saft und Marmelade aus diesen Früchten noch viel Vitamin C. Nicht zuletzt wirken die Bewegung und die Entspannung an frischer Luft beim Auffinden und Sammeln der Früchte spürbar positiv auf Körper und Seele.
Stets halte ich unterwegs nach interessanten Pflanzen Ausschau. So sind mir auch die duftenden Blüten der Steinweichseln und die besonders beim Austrieb anmutigen Felsenbirnen aufgefallen. Später war es dadurch ganz leicht, die Früchte zu finden und zuzuordnen. Seit mir bewusst wurde, dass ich jahrelang den Genuss der leckeren Kornelkirschen versäumt habe, nur weil rote Beeren prinzipiell im Verdacht stehen, giftig zu sein, bin ich mir sicher, dass es noch viel mehr zu entdecken gibt.
Viele Wildobstarten haben enge Verwandte in entfernten Ländern und genießen dort als unverzichtbare Zutat traditioneller Gerichte große Wertschätzung: Im bunten Laden eines orientalischen Gemüsehändlers entdeckte ich kleine rote Trockenfrüchte. Berberitzen in der Küche zu verwenden, war mir bis dahin völlig unbekannt, aber als der Verkäufer mir von Hühnchen mit Berberitzenreis erzählte, war meine Neugierde sofort geweckt. Also suchte ich nach einem entsprechenden Rezept. Nach einigem Ausprobieren habe ich dann dieses hier im Buch aufgeschrieben. Kurze Zeit später habe ich zum ersten Mal die Berberitzensträucher in einer wild wachsenden Hecke bemerkt, nur wenige hundert Meter von zu Hause entfernt.
Während diese Zeilen wachsen, köchelt im Herd das Zwetschgenmus für die Kokoscrepes mit Entenbrust. Endlich sind die Zwetschgen richtig reif, und ich kann die letzten Fotos machen. Natürlich habe ich bei der Gelegenheit gleich einen Beutel voll gepflückt. Für die Entenbrust habe ich dieses Mal selbstgezogene, frische Chilis verwendet. Das wird bestimmt etwas schärfer, aber eigentlich schmeckt sowieso kein Gericht zweimal gleich. So süß wie im letzten Jahr sind die Zwetschgen auch noch nicht. Dafür war das Bund Koriander mindestens doppelt so dick wie letztens. Beim Zubereiten der Gerichte beeinflussen immer auch persönliche Vorlieben, die Auswahl der Tischgäste und momentane Stimmungen den Geschmack. Das ist auch gut so. Mit dem Bratenfond der Entenbrust soll übrigens morgen eine Blumenkohlsuppe aufgepeppt werden.
Jetzt muss ich Schluss machen, sonst schaffen wir es nicht mehr, nach dem Essen in den Wald zu gehen. Der Regen der letzten Tage hat bestimmt wieder Pilze wachsen lassen, und die Esskastanien könnten auch schon reif sein. Ich kann Sie nur einladen, selbst wieder mehr Wildfrüchte zu sammeln und zuzubereiten. Dafür wünsche ich Ihnen von Herzen jede Menge Freude und Genuss!

Ihre Annette Kretzschmar

Berberitze

BERBERIS VULGARIS

SYNONYME:	SAUERDORN, ESSIGBEERE, BUBENSTRAUCH, KUCKUCKSBROT, BAISSELBEERE, WEINSCHARLN, DREIDORN, SPIESSDORN, HAGELDORN, SPITZBEERE, ERBSELE, REISSBEERE, ZITZERLSTRAUCH
FAMILIE:	BERBERITZENGEWÄCHSE
WUCHSHÖHE:	2–3 M
BLÜTE:	APRIL BIS JUNI
FRUCHTREIFE/SAMMELZEIT:	ENDE AUGUST BIS NOVEMBER
VORKOMMEN:	HECKEN, SONNIGE WALDRÄNDER, GEBÜSCHE, STRAUCHGRUPPEN

Aussehen und Anbau Die mit Elfenblumen und Mahonien verwandten Gemeinen Berberitzen schmücken das ganze Jahr über naturnahe Hecken: Nach dem Austrieb der zunächst zartgrünen, kleinen Blätter sind sie bald dicht behangen mit leuchtend gelben, bis zu sieben Zentimeter langen Blütentrauben. Im Spätsommer haben sich daraus die walzenförmigen, länglich-ovalen Beeren entwickelt, die weithin sichtbar in kräftigem Rot leuchten. In warmen gelben und orangeroten, nach großer Trockenheit auch rosafarbenen bis weinroten Tönen präsentiert sich das Herbstlaub. In freistehenden Strauchgruppen wirkt die Gestalt der dornenbewehrten Sträucher mit den in Bögen nach außen überhängenden Ästen besonders attraktiv.

Die anspruchslosen und winterharten Berberitzen weisen einige Besonderheiten auf: Die Staubblätter der duftenden Blüten reagieren äußerst empfindlich auf Berührungsreize. Sobald ein Insekt die Innenseite der Staubfäden berührt, klappen die Staubbeutel nach innen und stäuben es mit Pollen ein. Damit wird dann die nächstbesuchte Blüte befruchtet. Die ovalen Laubblätter sind an den Rändern mit dornigen Zähnen versehen. An den Langtrieben erscheinen die Laubblätter auch als bis zu zwei Zentimeter lange Blattdornen mit einer ungeraden Zahl an Spitzen, die den Hauptadern eines Blattes entspricht. In den Blattachseln dieser Dornen bilden sich an Kurztrieben im Folgejahr wieder normale Laubblätter.

Berberitzen gedeihen auch auf mageren, kalkhaltigen und trockenen Böden recht gut, bevorzugen aber warme und sonnige Lagen. Älteres Holz sollte bodennah entfernt werden, damit sich regelmäßig neue Triebe entwickeln, die reichlich blühen und fruchten. Zur Vermehrung eignen sich Wurzelausläufer, Absenker oder grüne Stecklinge.

Von der nahe verwandten Koreanischen Berberitze (*Berberis koreana*) wurden die Sorten »Azisa« und »Rubin« ausgelesen. »Azisa« trägt reichlich orangefarbene bis lachsrote Früchte, die erst im Oktober reifen und viel Saft liefern. Die Früchte von »Rubin« glänzen leuchtend rubinrot und bleiben noch weit in die Wintermonate hinein an den Sträuchern hängen.

Verwendung in der Küche In der Küche werden die Früchte der Gemeinen und der Korea-Berberitze verwendet. Die Früchte der Zierformen sind dagegen nicht empfehlenswert.

Nur wer Saures gar nicht mag, wird Berberitzen meiden. Die kleinen Früchte sind eine großartige Bereicherung, vor allem für neugierige Köche und Genießer.

Meist werden Berberitzen zu einem erfrischenden Saft, Sirup, Gelee und Marmelade verarbeitet oder getrocknet für Früchtetee und Müslimischungen verwendet. Zum Trocknen legt man die Früchte beispielsweise auf Packpapier ein paar Tage an einen warmen Ort. So lassen sich später Süßspeisen und Gebäck oder verschiedenste herzhafte Gerichte mit dem eindrucksvollem Fruchtaroma verfeinern. Dabei sind Kombinationen mit süßen und milden Früchten, besonders Äpfeln und Kürbis, beliebt. Beispielsweise Ingwer, Curry und Minze, Honig und Cognac runden den Geschmack ab. Chutneys, Wildsoßen und auch Sauerkraut gewinnen durch das ausgewogene Verhältnis von Süße und Säure der Berberitzen. Auch ein hervorragender Essig lässt sich daraus herstellen.

Aus der orientalischen, ganz besonders aber aus der persischen Küche sind getrocknete Berberitzen nicht wegzudenken. Allein in der Region Chorasan, dem Zentrum des Berberitzenanbaus im Nordosten des Iran, werden pro Jahr etwa 4500 Tonnen Früchte geerntet. Dort kultiviert man hauptsächlich kernlose Sorten. Lose oder abgepackt findet man sie in allen orientalischen Lebensmittelgeschäften und Spezialläden für Trockenfrüchte.

Das bekannteste Rezept, von dem es natürlich viele Varianten gibt, ist wohl Zereshk polo, Reis mit Berberitzen gekocht. Aber auch für Fisch- und Fleischgerichte sowie für Omelette werden Berberitzen in der orientalischen Küche verwendet.

Da die kleinen Kerne der meisten heimischen Sorten bitter schmecken, muss man etwas achtgeben, dass sie nicht zerbissen oder bei der Verarbeitung zerdrückt werden.

Die an Zitronen-, Weinstein- und Apfelsäure reichen Früchte enthalten neben Vitamin C auch Mineralstoffe, Anthocyane, Gerbsäure, Carotinoide und Pektin. In allen anderen Pflanzenteilen kommen die schwach giftigen Alkaloide Berberin, Oxyberberin und Bervulcin vor. Berberin ist auch in den Fruchtstielen enthalten, die vorsichtshalber sauber abgerebelt werden sollten.

Heilwirkungen In der Volks- und Naturheilkunde wird Berberitzensaft zur Erfrischung bei fieberhaften Erkrankungen und zur Stärkung der Schleimhäute verwendet. So findet man die verarbeiteten Früchte beispielsweise in Nasenbalsam. Für einen Teeaufguss zerdrückt man pro Tasse 1 EL frische oder getrocknete Beeren, überbrüht sie mit kochendem Wasser und süßt den Tee mit Honig. Bei Zahnfleischproblemen kann man den frischen Saft auf das Zahnfleisch pinseln, um es zu kräftigen und Zahnfleischblutungen zu stoppen. Auch gegen Appetitlosigkeit und Verstopfung sollen Zubereitungen aus den Früchten helfen. Den Wurzeln wird eine antiseptische und entgiftende Wirkung nachgesagt. Sie werden in Zubereitungen ergänzend bei Gallen- und Leberleiden, bei Harnwegerkrankungen, Verdauungsstörungen und Erkältungssymptomen eingesetzt.

Wissenswertes Als Zitronen noch nicht so einfach im Laden gekauft werden konnten, nutzte man an ihrer Stelle die wertvollen Fruchtsäuren der Berberitzen. Schon im 16. Jahrhundert kannte man verschiedene Sorten wie die kernlose »Asperma« oder die Sorte »Dulcis« mit weniger Säure.

Leider ist ihre Nutzung hierzulande weitgehend in Vergessenheit geraten, wohl auch deshalb, weil die Berberitzen der Zwischenwirt des Getreide-Schwarzrostpilzes sind. Um die Getreideernte nicht zu gefährden, wurden Berberitzen in den Ackerbaugebieten Europas fast ausgerottet. Inzwischen ist das dank moderner Landwirtschaft nicht mehr notwendig. Auch hat man festgestellt, dass sich Varietäten des Pilzes auf Gräser spezialisiert haben, die ja allgegenwärtig sind. Deshalb sollten anstelle der Asiatischen Heckenberberitze (*Berberis thunbergii*), die wegen ihrer attraktiven dunkelroten Herbstfärbung häufig in Gärten und Grünanlagen zu finden ist, wieder die viel wertvolleren heimischen Wildsträucher gepflanzt werden. Sie ernähren deutlich mehr einheimische Insek-

ten, Vögel und kleine Säugetiere. Mit ihren Dornen halten sie an Stelle eines Zaunes ungebetene Gäste von einem Gartenbesuch ab.

Die Rinde und die Wurzeln wurden früher zum Gelbfärben von Seide, Wolle, Leder und Holz benutzt. Mit dem Saft der Früchte erzielt man rosenrote Farbtöne. Er dient auch als Lebensmittelfarbe und ergibt schöne rote Tinte. Das hochwertige Berberitzenholz hat eine charakteristische zitronengelbe Farbe. Es zeichnet sich durch hohe Dichte und Härte aus. Da die dicksten Zweige der Berberitzensträucher nur einen Durchmesser von maximal fünf Zentimetern erreichen, ist die Holzausbeute gering. Doch wegen seiner seltenen Farbe und der schönen Maserung, die durch ringförmige Poren und deutlich sichtbare Markstrahlen entsteht, wird Berberitzenholz für kostbare Drechsel- und Einlegearbeiten verwendet. Im Intarsienkabinett des Fasanenschlösschens im Schlosspark der Moritzburg bei Dresden lassen sich besonders schöne Beispiele dieser Kunst bewundern.

SCHARFER MÖHRENSALAT MIT **BERBERITZEN**

ZUTATEN FÜR 4 PORTIONEN:
800–1000 G MÖHREN | 4 EL OLIVENÖL | 3–4 EL BERBERITZEN, FRISCH ODER GETROCKNET | 1 EL ZUCKER | 1 BUND FRISCHER KORIANDER

DRESSING:
1–2 TL HARISSA (ARABISCHE WÜRZPASTE MIT CHILI UND KNOBLAUCH) | 1 TL GEMAHLENER KREUZKÜMMEL | ½ TL GEMAHLENER KORIANDER | 1 KNOBLAUCHZEHE, GEHACKT | SALZ | SAFT EINER ZITRONE | 1 EL OLIVENÖL

1. Den Backofen vorheizen (Umluft 180 °C).
2. Die Möhren mit einem Sparschäler schälen, in 3-4 Millimeter dünne Scheiben schneiden, mit 3 EL Olivenöl vermischen, auf einem Backblech verteilen und in ca. 15 Minuten bissfest werden lassen.
3. Die Berberitzen mit dem restlichen Olivenöl in einer Pfanne langsam erhitzen. Den Zucker zufügen, etwas karamellisieren lassen, ein wenig Wasser zufügen und 5-10 Minuten köcheln lassen.
4. Die Korianderblätter von den groben Stielen zupfen und klein wiegen.
5. Die Zutaten für das Dressing in einem Dressingshaker oder einem Schraubglas gut durchschütteln.
6. Die Möhren mit dem Dressing, dem Koriander und den Berberitzen vermischen und auf einer Platte oder Portionstellern anrichten.

Tipps: Verwendet man verschiedenfarbige Möhrensorten wie gelbe oder violettfarbene, wird der Salat optisch besonders attraktiv. Die verschiedenen Sorten müssen dabei getrennt verarbeitet werden, da die violetten Sorten stark abfärben.
Wer keinen Koriander mag, verwendet stattdessen Petersilie.
Wer die Schärfe nicht mag, lässt das Dressing weg und nimmt für die Berberitzen etwas mehr Öl.

KRÄUTEROMELETTE MIT **BERBERITZEN**

ZUTATEN FÜR 4–6 PORTIONEN:
5 G GETROCKNETE BOCKSHORNKLEEBLÄTTER, | 1 BUND KORIANDER, KLEIN GEWIEGT, CA. 15 G | 2 BUND GLATTE PETERSILIE, KLEIN GEWIEGT, CA. 40 G | 1 BUND SCHNITTLAUCH | 6 EIER | 200 G FETAKÄSE AUS SCHAFSMILCH, ZERBRÖSELT | PFEFFER | ½–1 TL SALZ | 1–2 TL KURKUMA, GEMAHLEN | 4–6 EL ÖL, Z.B CAROTINO, EINE MISCHUNG AUS ROTEM PALMÖL UND RAPSÖL | 1 BUND FRÜHLINGSZWIEBELN, IN FEINE RINGE GESCHNITTEN | 2–3 KNOBLAUCHZEHEN, FEIN GEHACKT | 3 EL GETROCKNETE BERBERITZEN

1. Den Bockshornklee in wenig Wasser ca. 10 Minuten einweichen. Den Backofen auf 160 °C vorheizen.
2. Die vorbereiteten Kräuter mit den Eiern, dem Fetakäse und den Gewürzen verquirlen. 2 EL Öl in einer Pfanne erhitzen, die Frühlingszwiebeln, den Knoblauch und die Berberitzen leicht goldgelb anrösten, zur Eiermischung geben und alles gleichmäßig verrühren.
3. Das restliche Öl in einer antihaftbeschichteten Pfanne erhitzen, den Omeletteteig einfüllen, glattstreichen, kurz auf höchster und dann auf mittlerer Stufe anbraten. Einen Deckel auflegen und im Backofen in ca. 5-10 Minuten stocken lassen.
4. Die Pfanne aus dem Ofen holen, vorsichtig wenden, so dass die Omelette verkehrt herum auf dem Deckel liegt, einen Teller auflegen und erneut stürzen. Die Omelette in Stücke schneiden und warm oder kalt servieren.

Tipp: Dazu passen Fladenbrot, Joghurt mit Minze und Salat.

ZERESHK POLO – PERSISCHER **BERBERITZEN-REIS** MIT GEFLÜGEL

ZUTATEN FÜR 4–6 PORTIONEN:
CA. 1 ½ KG HÜHNERBRUST ODER -KEULEN BZW. ENTENBRUST ODER -KEULEN, JEWEILS MIT HAUT | JE 2–3 BIOZITRONEN UND -ORANGEN, ABGERIEBENE SCHALE | 2 TL ZIMT | PFEFFER | SALZ | KURKUMA | 3 EL NEUTRALES ÖL | 3 GROSSE TASSEN (CA. 400 G) BASMATI-REIS | 9 TASSEN HÜHNERBRÜHE (CA. 1,3 L) | 1 DÖSCHEN SAFRAN | 1–2 TL SALZ | 4 GROSSE MÖHREN, IN SCHEIBEN GESCHNITTEN | 2–3 EL BUTTER | 1 ½–2 TASSEN GETROCKNETE BERBERITZEN | 1 EL HONIG

1. Die Haut des Geflügels rautenförmig einschneiden. Zwei Drittel der Zitrusschalen und 1 TL Zimt mit den anderen Gewürzen vermischen, die Geflügelteile damit einreiben und mit der Hautseite zuerst in einem breiten Topf mit guter Antihaftbeschichtung rundherum im Öl schön braun anbraten. Danach herausnehmen und mit Alufolie abgedeckt beiseitestellen.
2. Den Reis im Bratfett etwas anrösten, die Brühe angießen und mit den restlichen Zitrusschalen und dem Zimt, dem Safran und dem Salz würzen. Nach etwa 5 Minuten Kochzeit die Möhrenscheiben auflegen und bei geschlossenem Deckel mitgaren. Nach weiteren 5 Minuten die Geflügelteile auflegen und 20 Minuten bei geringer Wärmezufuhr und geschlossenem Deckel mitgaren.
3. Die Butter schmelzen lassen und die Berberitzen mit dem Honig langsam darin karamellisieren lassen.
4. Das Geflügel herausnehmen und warm stellen oder knusprig grillen. Die Berberitzen unter den Reis mischen, evtl. noch etwas Butter zufügen und den Reis noch so lange ohne Deckel braten, bis sich am Topfboden und Rand eine schöne, braune Kruste gebildet hat.
5. Eine entsprechend große Platte auf den Topf auflegen und stürzen. Den Berberitzenreis mit dem Geflügel anrichten und servieren.

Tipp: Man kann das Fleisch und die Möhren auch separat zubereiten. Wichtig ist die Kruste, die sich am Topfboden bildet! Dafür braucht man etwas Fingerspitzengefühl mit der Temperaturregulierung während des Kochens und Erfahrung mit dem vorhandenen Kochgeschirr.

Brombeere

RUBUS FRUTICOSUS

SYNONYME:	BRAMBEERE, BRAMEL, BRÄMEL, BROMBESING, BROMEDORN, BROMELBEERE, BRUMENBEERE, BRAUNBEERE, FROMBEERE, HIRSCHBOLLEN, KRATZBEERE, KRATZELBEERE, MOREN, NURR, RAHMBEERE, SCHWARZBEERE
FAMILIE:	ROSENGEWÄCHSE
WUCHSHÖHE:	0,5–5 M
BLÜTE:	MAI BIS AUGUST
FRUCHTREIFE/SAMMELZEIT:	ENDE JULI BIS OKTOBER
VORKOMMEN:	AN WEG- UND WALDRÄNDERN, IN GEBÜSCHEN UND GÄRTEN, AUF LICHTUNGEN

Aussehen und Anbau In großer Artenvielfalt wachsen Brombeeren wild fast überall in Europa. Die meist äußerst stacheligen Sträucher überwuchern schnell relativ große Flächen und verdrängen andere Pflanzenarten, so dass sie in manchen Gegenden sogar gezielt reduziert werden müssen. Die wechselständigen, auf der Unterseite weichfilzigen, drei- bis siebenteiligen Blätter bleiben fast das ganze Jahr über grün. Ihre spitz zulaufenden, eiförmigen Teilblättchen sind unterschiedlich lang gestielt und haben einen gesägten Rand. Zu Beginn der Blütezeit entfaltet sich zuerst die Endblüte der weißen oder rosafarbenen Blütenstände. Dementsprechend reifen auch die kugeligen Früchte nacheinander, so dass über einen längeren Zeitraum geerntet werden kann.
In schwülwarmen, windgeschützten Lagen auf kalk- und stickstoffreichen Lehmböden tragen Brombeersträucher besonders gut.
Wegen ihres wehrhaften Wuchses eignen sich Brombeersträucher auch zur Einfriedung von Grundstücken. So bieten sie Schutz und Lebensraum für viele Tiere und ernähren bis zu 34 Vogelarten. Wer leicht an die Früchte gelangen will, zieht den Spreizklimmer am Spalier. Die Früchte wachsen an den Seitentrieben der Vorjahresruten, die waagerecht angebunden werden. Die neuen Ruten sollte man im Herbst ebenfalls anbinden und abgetragene Ruten bodennah abschneiden.
Stachellose Arten sind zwar verlockend, doch mit der Kratzbürstigkeit ist auch viel vom Aroma der Früchte weggezüchtet worden.

Verwendung in der Küche Brombeeren sind reif, wenn sie tiefschwarz und glänzend sind. Dann schmecken die vitaminreichen Früchte frisch vom Strauch gepflückt besonders gut.
Gerne werden sie auch zu Gelee, Saft, Likör oder Kompott weiterverarbeitet, und die vielen Rezepte für Marmeladen- und Kuchenvariationen mit Brombeeren sprechen für sich.
Ein echter Gaumenschmaus sind sie auch in süß-sauren Kombinationen zu Käse, in Salaten sowie zu Fleisch- und Fischgerichten.
Nach dem Pflücken reifen Brombeeren kaum mehr nach. Sonniges und trockenes Wetter eignet sich für die Ernte

besonders, denn bei Regen saugen sich die Früchte mit Wasser voll, schmecken dadurch fade und verderben nach der Ernte schneller. Idealerweise verarbeitet man die empfindlichen Brombeeren sofort. Müssen sie im Kühlschrank gelagert werden, lohnt es sich, vorher angedrückte Früchte auszusortieren. Beeren, die schon etwas weich geworden sind, lassen sich mit oder ohne Zucker pürieren und schmecken mit etwas Zitronensaft in Joghurt oder Quark gerührt sehr lecker.
Auch die jungen, zarten Triebspitzen der Blätter können in der Küche verwendet werden. Sie eignen sich für Salate, Wildgemüse und Pesto und ergeben allein oder mit anderen Kräutern einen erfrischenden Tee.
Brombeeren bestehen als Sammelfrüchte aus vielen kleinen Steinfrüchten, von denen jede einen Samen enthält. Deshalb ist es für mehr Genuss lohnenswert, die Früchte durch ein Sieb zu streichen, wenn sie nicht im Ganzen verwendet werden sollen. Die zurückbleibenden Kerne mit den noch anhaftenden Fruchtfleischresten kann man zur Likörbereitung verwenden.

Heilwirkungen Neben Vitamin C sind es ätherische Öle, Gerbstoff, Pektin, Bernsteinsäure, Apfelsäure, Oxalsäure, Milchsäure und Salicylsäure, die Brombeeren auch als Mittel für die Hausapotheke qualifizieren. Vor allem die von April bis September gesammelten und getrockneten Blätter ergeben aufgrund ihres Gerbstoffgehaltes einen adstringierend wirkenden Tee, der sich zur Behandlung leichter, unspezifischer Durchfallerkrankungen und Entzündungen im Bereich der Mund- und Rachenschleimhaut eignet. Zwei Teelöffel getrocknete Blätter übergießt man mit 150 ml kochendem Wasser und lässt sie zehn Minuten ziehen. Dieser Teeaufguss eignet sich auch als Gurgelmittel.
Die zusammenziehende Wirkung ist auch bei der kosmetischen Behandlung unreiner und großporiger Haut von Nutzen. Für Gesichtskompressen bereitet man die doppelte Menge des oben beschriebenen Aufgusses und legt sie auf die gereinigten Hautpartien. Für ein Vollbad lässt man zwei Hand voll Brombeerblätter eine halbe Stunde lang leicht köcheln, rührt nach dem Abseihen reichlich Honig hinein und gibt diese Mixtur zum Badewasser.

Wissenswertes Die jungen Triebe der Brombeere sind zum Färben von Stoffen geeignet und ergeben schöne braune und graue Farben.
Zahlreichen Schmetterlingsarten und ihren Raupen dienen Brombeeren als Futterpflanze. Das spiegelt sich bei einigen sogar in der Namensgebung wider: Der Brombeerspinner (*Macrothylacia rubi*) ist ein Nachtfalter aus der Familie der Glucken (*Lasiocampidae*). Der in Deutschland vom Aussterben bedrohte Brombeer-Perlmuttfalter (*Brenthis daphne*), der vor allem Waldränder trocken-heißer Wälder und gebüschreiche Trockenhänge bewohnt, und der grüne Brombeerzipfelfalter (*Callophrys rubi*) aus der Familie der Bläulinge sind Tagfalter. Ihre Raupen ernähren sich u. a. von Brombeerblättern.

BROMBEERKETCHUP

ZUTATEN FÜR CA. 750 ML:
3 EL OLIVENÖL | 300 G ZWIEBELN, KLEIN GEWÜRFELT | 4 KNOBLAUCHZEHEN, KLEIN GEHACKT | 20 G JUNGER INGWER, KLEIN GEHACKT | 1 APFEL, KLEIN GEWÜRFELT | 600 ML BROMBEERMARK | ½ BUND KORIANDERGRÜN, FEIN GEWIEGT | 4 TL SALZ | 4 EL ZUCKER | SAFT VON 1 ZITRONE | 2 EL DUNKLE SOJASOSSE | 1 TL GEMAHLENER KORIANDERSAMEN | CHILIFLOCKEN

1. Das Olivenöl erhitzen und die Zwiebelwürfel darin leicht goldbraun anbraten. Den Knoblauch, den Ingwer und die Apfelwürfel zufügen, etwa 4–5 Minuten mitschmoren lassen und dabei hin und wieder umrühren.
2. Nun nach und nach die restlichen Zutaten unterrühren und das Ketchup noch etwa 20 Minuten köcheln lassen.
3. Nochmals abschmecken und kochend heiß in vorbereitete Schraubgläser oder -flaschen abfüllen und sofort verschließen.

BROMBEERSENF (SCHARF)

ZUTATEN FÜR CA. 900 ML:
300 G SENFKÖRNER | 3 TL KORIANDERSAMEN | ½ TL KARDAMOMSAMEN (AUS 8–10 GANZEN FRÜCHTEN) | 3 WACHOLDERBEEREN | 200 ML APFELESSIG | 200 ML FRUCHTIGER BALSAMICO (Z.B. FEIGEN ODER HIMBEERBALSAMICO) | 200 ML BROMBEERMARK | 8 TL SALZ | 150 G BRAUNER ROHRZUCKER | 1 EL VANILLEMARK

1. Die Senfkörner mit den Koriander- und Kardamomsamen und den Wacholderbeeren vermischen und nach und nach z.B. in einer alten Kaffeemühle fein mahlen.
2. Das Pulver nach und nach mit allen weiteren Zutaten zu einer homogenen Masse verrühren, in vorbereitete Gläser abfüllen und über Nacht offen stehen lassen. Durch Oxidation und Fermentation entwickelt sich eine angenehme, starke Schärfe.

Tipp: Dieser Senf schmeckt beispielsweise köstlich zu Käse und Rindfleischsülze und eignet sich auch zum Marinieren von Fleisch und Geflügel.

Esskastanie

CASTANEA SATIVA

SYNONYME:	MARONE, EDELKASTANIE, KÄSTE, KESCHDE, CHESCHTENE
FAMILIE:	BUCHENGEWÄCHSE
WUCHSHÖHE:	10–30 M
BLÜTE:	MAI BIS JULI
FRUCHTREIFE/SAMMELZEIT:	OKTOBER
VORKOMMEN:	IN LAUBMISCHWÄLDERN IN GEBIETEN MIT MILDEN WINTERN, IN PARKANLAGEN UND GROSSEN GÄRTEN

Aussehen und Anbau Angestachelt von der Aussicht auf vielerlei Gaumenfreuden, bücken sich heute vor allem Genießer nach den braunen Früchten der Edelkastanien. Obwohl sie kein bisschen miteinander verwandt sind, ähneln sie den Früchten der Rosskastanien, deren ungenießbare Nussfrüchte ebenfalls in eine stachelige, grüne Fruchthülle gebettet sind. Reif geworden springt diese in unregelmäßige Stücke auf, und die begehrten Früchte fallen von selbst herab. Die bis zu 20 Zentimeter langen, lanzettlichen Blätter der Edelkastanien glänzen dunkelgrün, sind am Rand grob gezähnt und wachsen wechselständig. Auffällig sind die männlichen Blüten: In langen kätzchenartigen Ähren locken sie mit ihrem intensiven Duft Bienen und andere Insekten an. An ihrer Basis sitzen eher unscheinbar die weiblichen Blüten einzeln, in Zweier- oder Dreiergruppen. Verblüht fallen die gelben Kätzchen herab und übersähen den Boden, als hätte jemand unzählige Pfeifenputzer verstreut. So werden aufmerksame Naturfreunde eingeladen, hier spätestens im Oktober wieder vorbeizuschauen.

Mit ihren weit ausladenden Kronen beanspruchen Edelkastanien viel Platz. Sie bevorzugen tiefgründigen, nährstoffreichen und sauren Boden, in dem sie sich mit ihrer kräftig verzweigten Pfahlwurzel verankern. Wer nicht unbedingt auf Früchte aus ist, kann sich aus frischen Kastanien eigene Sämlinge ziehen. Ertragreiche Sorten werden von Spezialisten vermehrt und als Obstgehölze im Fachhandel geführt. Für eine sichere Befruchtung wird der Anbau mehrerer Bäume unterschiedlicher Sorten empfohlen. Bis zur ersten Ernte muss man sich etwa zehn bis zwanzig Jahre gedulden. Veredelte Zuchtsorten sind mitunter auch selbstfruchtend und bringen schon nach drei bis fünf Jahren Erträge.

Man unterscheidet eher kleine »Kastanien« und großfruchtige »Maronen«. Letztere sind meist nicht segmentiert: eine Eigenschaft, die vererbt oder durch Propfen weitergegeben wird.

Verwendung in der Küche Zum Glück für alle, die keine Gelegenheit zum Sammeln finden, werden Edelkastanien immer häufiger im Handel angeboten. Auch

beim Einkauf sollte man die Kastanien aufmerksam auf kleine Löcher prüfen, um sicherzugehen, dass sie nicht von Würmern befallen sind. Bei bereits geschälten und vorgegarten fällt auch diese Mühe weg. Um an das gelblich weiße Fruchtfleisch zu gelangen, müssen die braune Schale und auch die bittere, trockene Haut entfernt werden. Dafür schneidet man die Schale an der Spitze kreuzweise ein, damit die Luft ohne Explosion entweichen kann, und röstet die Kastanien bei mindestens 200 °C etwa 20 Minuten lang im Backofen. So entwickeln sie ihren typischen nussig-süßen Geschmack. Im Gegensatz zu allen anderen Nüssen enthalten Edelkastanien nur sehr wenig Fett und trocknen deshalb beim Garen ähnlich wie Kartoffeln, weshalb sie sich leicht weiterverarbeiteten lassen. Ob geröstet, gekocht, zu Mehl oder Flocken verarbeitet: Besonders in Regionen mit vielen Kastanien wurden Spezialitäten kreiert, die in köstlichen Varianten vor allem im Herbst die Küche bereichern. Glasiert ergänzen Edelkastanien kräftige Braten und harmonieren mit Rosenkohl. Enten und Gänse werden mit ihnen lecker gefüllt. Der Pfälzer Saumagen mit Kastanien erinnert an die mit Maronen verfeinerten Caillettes in der Provence.

Frisch geröstet schmecken sie pur, besonders im Advent auf dem Weihnachtsmarkt, ganz heiß vom »Maronimann«. Gebäck erhält eine eigene Note, wenn 30 Prozent des Mehls durch gemahlene Kastanien ersetzt werden. Rezepte für herzhafte Kastaniensuppen, -pürees und -soßen, Nudeln und Crêpes gibt es ebenso zahlreich wie für süße Verlockungen: Marmelade, Eis, Cremes und kandierte Früchte, Kastanienbrot und Kuchen. Selbst Likör wird daraus hergestellt, und auf Korsika und in der Schweiz braut man sogar Bier aus Kastanien.

Für alle, die es nicht gar so süß mögen, ist der dunkle, kräftige Honig aus den Blüten der Edelkastanien mit seinem leicht herben Geschmack eine ganz besondere Leckerei.

Heilwirkungen Geschälte Kastanien sind reich an Eiweiß und Kohlenhydraten und enthalten Mineralstoffe wie Natrium, Kalium, Kalzium, Magnesium, Phosphor und Eisen sowie die Vitamine A, B und C.

Der hohe Kaliumgehalt der Früchte entwässert den Organismus auf sanfte und natürliche Weise. Die Vitamine der B-Gruppe sorgen für die beruhigende Wirkung von Esskastanien auf das Nervensystem. Beschwerden wie Sodbrennen und saures Aufstoßen, die durch Überproduktion an Magensäure entstehen, vergehen nach dem Genuss von Esskastanien schnell: Ihr Basenreichtum gleicht die Säure aus.

Die Volksmedizin nutzte auch Abkochungen der Blätter zur Linderung von Husten, bei der Behandlung von Wunden und bei Durchfall.

Nach Hildegard von Bingen sollen in Honig eingelegte Maronen Leberschmerzen lindern und regelmäßiger Genuss von Kastanien Krampfadern vorbeugen.

Kastanien sind frei von Gluten, weshalb das Mehl von Zöliakie-Patienten als Getreide-Ersatz verwendet werden kann.

Wissenswertes Die Griechen haben die Kastanien nach der Stadt Kastana an der Küste des Schwarzen Meeres benannt. Von den Römern später lateinisiert, wurde daraus Castanea. Sativa ist ein Namenszusatz, der häufig für kultivierte Nahrungspflanzen verwendet wird.
Wahrscheinlich waren es auch die Römer, die die Edelkastanien in wärmere Gebiete nördlich der Alpen brachten, wo sie sich auf kalkarmen Böden in milden Lagen als »Brot des Waldes« eingebürgert haben. Lange Zeit waren sie für das einfache Volk eine wichtige zusätzliche Nahrungsquelle, wenn Kartoffeln und Getreide nicht ausreichten.
Im Pfälzerwald wachsen Kastanien in kulinarischer Begleitung: Während die Hügel der Haardt mit Reben bepflanzt sind, stehen in den Wäldern der Steilhänge vorwiegend Edelkastanien. Entlang des Pfälzer Keschdewegs, der die Weinstraße begleitet und weiter südlich bis nach Hauenstein führt, laden im Oktober zahlreiche Feste und Märkte rund um Kastanien und Wein zu einem Besuch ein. Geführte Wanderungen stehen ebenso auf dem Programm und viele Gastronomen kreieren während der Kastanientage ganz besondere Köstlichkeiten.
Das witterungsbeständige und elastische Kastanienholz findet für Weinfässer und Holzpfähle Verwendung, außerdem wird es im Möbel-, Dach- und Schiffsbau geschätzt.
In Spanien, Süditalien und auf Korsika hat die Schweinemast mit Kastanien Tradition.

KASTANIENREIS
MIT SCHLAGSAHNE

ZUTATEN FÜR CA. 8 PORTIONEN:
500 G GEGARTE KASTANIEN | ETWAS SÜSSE SAHNE (OPTIONAL) | 2 EIGELB | 3 EL ZUCKER | VANILLEMARK | 500 ML SCHLAGSAHNE

1. Nach Belieben werden die Kastanien mit etwas Sahne gekocht oder gleich entweder durch eine Kartoffelpresse oder eine Moulinette gedrückt. Dann rührt man das Eigelb, den Zucker und das Vanillemark unter und streicht die Masse über eine Spätzlereibe oder durch ein grobes Sieb.
2. Die so geformten »Reiskörner« häuft man auf einem großen runden Teller an und gibt die steif geschlagene Sahne rundherum.

Tipp: Diese Nachspeise lässt sich gut mit den glasierten Kastanien im folgenden Rezept kombinieren.

GLASIERTE KASTANIEN

ZUTATEN:
1 KG KASTANIEN | 80 G BUTTER | 8 EL ZUCKER

Die Kastanien werden von zwei Seiten kreuzweise eingeritzt und in ca. 20 Minuten gar gekocht. Nun löst man die Schalen und die Haut ab, erhitzt die Butter mit dem Zucker und schwenkt die Kastanien darin, bis sie schön glänzend sind.

KASTANIENSUPPE

ZUTATEN FÜR 4 PORTIONEN:
JE 1 ZWEIG ROSMARIN, THYMIAN, OREGANO UND MAJORAN | 3 SALBEIBLÄTTER | 3 EL BUTTER | 1 GROSSE ZWIEBEL, FEIN GEWÜRFELT | CA. 100 G SCHINKENWÜRFEL | 1 GROSSE PETERSILIENWURZEL, IN KLEINE STÜCKE GESCHNITTEN | 3 MITTELGROSSE KARTOFFELN, IN KLEINE STÜCKE GESCHNITTEN | 400 G GEGARTE KASTANIEN | 250 ML MILCH | 250 ML SAHNE | 800 ML GEMÜSEBRÜHE | SALZ | PFEFFER | JE ETWA ½ TL GEMAHLENER ZIMT, ZITRONENGRAS UND INGWER | 4 EL GEWIEGTES PETERSILIENGRÜN

1. Die Kräuter mit Küchengarn zu einem Sträußchen binden.
2. Die Butter schmelzen lassen und die Zwiebel- und Schinkenwürfel darin anschwitzen. Die Petersilienwurzel, die Kartoffeln und die Kastanien unter Rühren kurz mitbraten, dann die Milch, die Sahne und die Brühe einrühren und das Kräutersträußchen einlegen.
3. Alles köcheln lassen, bis die Einlagen schön weich geworden sind. Das Kräutersträußchen herausnehmen, die Suppe pürieren oder mit einem Kartoffelstampfer grob zerdrücken und mit den Gewürzen abschmecken.
4. Die Suppe mit Petersilie bestreut servieren.

HERBSTSCHMAUS MIT FILET UND WALDPILZEN UNTER DER MARONENHAUBE

ZUTATEN FÜR 4 PORTIONEN:

MARONENHAUBE:
400 G GEGARTE KASTANIEN | 2 SCHEIBEN TOASTBROT | 60 G WEICHE BUTTER | 100 G GERIEBENER PARMESAN | 2 EIGELB | 2 EL LIEBSTÖCKEL, FEIN GEWIEGT | 4 EL OREGANO, FEIN GEWIEGT | SALZ | ZUCKER

AUSSERDEM:
600–800 G FILET (RIND, SCHWEIN, LAMM ODER WILD) | 3 EL RAPSÖL | 3 EL BUTTER | 4–8 SCHÖNE PILZHÜTE VOM WALDCHAMPIGNON, PARASOLPILZ, STEINPILZ ODER MARONE | 2 EIER | SALZ | PFEFFER | 2 EL PETERSILIE, FEIN GEWIEGT | ½ EL ROSA PFEFFERBEEREN, ZERDRÜCKT

1. Den Backofen auf 160 °C vorheizen.
2. Für die Maronenhaube die Maronen mit einer Gabel zerdrücken. Das Toastbrot toasten, die Rinde abschneiden, das Brot in kleine Stücke zupfen und zu den Maronen geben. Die Butter, den Parmesan, die Eigelbe und die Kräuter ebenfalls zufügen, alles gut vermengen und mit Salz und Zucker abschmecken.
3. Das Filet in 2 Zentimeter dicke Medaillons schneiden, salzen und pfeffern.
4. Die Maronenmasse zwischen zwei Lagen Frischhaltefolie etwa 1 Zentimeter dick ausrollen und Stücke ausschneiden, die der Form und Größe der Filetstücke und Pilzhüte entspricht.
5. Je 1 EL Öl und Butter in einer ofenfesten Pfanne erhitzen, die Medaillons auf jeder Seite 1 Minute anbraten, mit einer Maronenhaube belegen und 15–20 Minuten im Ofen überbacken.
6. Die Pilzhüte mit einem Pinsel und Küchenkrepp säubern. Die Eier mit Salz und Pfeffer verquirlen.
7. In einer weiteren Pfanne das restliche Öl und die Butter erhitzen, die Pilzhüte in der Eiermasse wenden und im nicht zu heißen Fett anbraten. Mit der Maronenhaube belegen und im Backofen einige Minuten überbacken. (Das Fleisch inzwischen warm stellen.) Am Schluss für kurze Zeit den Grill zuschalten, bis sich eine leichte Kruste gebildet hat.
8. Die Medaillons und die Pilzhüte mit Petersilie und rosa Pfefferbeeren anrichten.

Tipp: Dazu passen Bandnudeln oder Kräuterspätzle mit Preiselbeersoße.

Felsenbirne

AMELANCHIER OVALIS, AMELANCHIER SPICATA, AMELANCHIER LAMARCKII

SYNONYME:	EDELWEISSSTRAUCH, KORINTHENSTRAUCH, GAMSBEERE, KLINGELBEER, STEIBIRLI
FAMILIE:	ROSENGEWÄCHSE
WUCHSHÖHE:	0,5–10 M
BLÜTE:	APRIL BIS MAI
FRUCHTREIFE/SAMMELZEIT:	AB MITTE JUNI BIS JULI BZW. AUGUST BIS OKTOBER
VORKOMMEN:	WARME, TROCKENE GEBÜSCHE, FELSIGE ABHÄNGE, ALS ZIERSTRAUCH IN GÄRTEN UND GRÜNANLAGEN

Aussehen und Anbau Felsenbirnen sind unterschiedlich große, dornenlose Sträucher oder Bäume mit leicht überhängenden Ästen. Nicht nur wegen ihrer wunderschönen sternförmigen weißen Blüten, die mit bis zu zwei Zentimeter langen Kelchblättern in Trauben herabhängen, sind Felsenbirnen äußerst dekorativ. Auch im leuchtend orange-roten Herbstkleid schmücken sie Gärten und Parkanlagen. Im Sommer laden sie mit leckeren Früchten zum Naschen ein.

Die Ährige Felsenbirne (*A. spicata*) ist mit maximal zwei Metern Höhe die kleinste der Arten. Die Gewöhnliche Felsenbirne (*A. ovalis*), die einzig wirklich heimische, wird bis drei Meter, die aus Nordamerika stammende und häufig verwilderte Kupferfelsenbirne (*A. lamarckii*) sogar bis zu zehn Meter hoch. Deren junge Triebe sind seidig behaart, während der Blütezeit kupferrot und die Blätter noch nicht aufgefaltet. Ihre schwarzroten Früchte reifen bereits im Juni. Die Blüten der Gewöhnlichen Felsenbirne erscheinen noch vor dem Austrieb der Blätter. Ihre ab August reifenden, fast schwarzen Früchte kennzeichnen lange Kelchzipfel an den Spitzen. Auch sie sind von einer blauen Wachsschicht überzogen und enthalten die für Felsenbirnen charakteristischen zehn Fruchtfächer, in denen sich kleine, harte Samen befinden.

Die auf der Unterseite leicht behaarten Blätter der Felsenbirnen haben eine länglich ovale Form, sind etwa zwei bis vier Zentimeter lang und fein gezähnt.

In Gärten und Grünanlagen eignen sich Felsenbirnen als anspruchslose Heckenpflanzen, die gut frosthart und windfest sind. Auch Trockenheit und Hitze machen ihnen wenig aus. Die kleineren Arten sind sogar für Kübel geeignet. Vermehren lassen sich die Sträucher, indem man die bis drei Meter von der Mutterpflanze entfernt wachsenden Ausläuferpflanzen abtrennt, durch Teilung der Mutterpflanze oder durch Absenker und Stecklinge.

Wer die Ernte der oft nur erbsengroßen Felsenbirnen nicht den Vögeln alleine überlassen will, freut sich über Kulturformen wie »Leuk« und »Ballerina« mit deutlich größeren Früchten.

Verwendung in der Küche In der Küche sind die vitaminreichen Früchte fast noch ein Geheimtipp. Dabei überzeugen sie schon beim Naschen vom

Strauch durch ein ausgewogenes Verhältnis von Süße und Säure. Ihr Aroma erinnert an Heidelbeeren, Äpfel und Korinthen mit einer leichten Marzipannote.
Sie eignen sich zur Zubereitung von Saft und Sirup, als Kuchenbelag und Kompott. Bei der Verarbeitung zu Marmelade und Konfitüre spielen sie besondere Stärken aus: Durch den hohen Pektingehalt gelieren sie sehr gut und auch in Kombinationen mit verschiedenen Früchten sorgen sie für eine schöne kräftige Farbe. Getrocknet bereichern sie das Frühstücksmüsli, und aus überreifen Früchten lässt sich zusammen mit einer Zimtstange, etwas Muskatblüte und ein paar Nelken ein leckerer Likör herstellen.

Heilwirkungen Die Felsenbirne spielt in der Heilkunde keine große Rolle. Doch kann man mit dem Genuss ihrer Früchte frühzeitiger Hautalterung entgegenwirken und für schöne pralle Haut sorgen, da sie außerordentlich viel Kalium sowie sehr viel Magnesium und Kalzium enthalten.
Die Ballaststoffe wirken verdauungsfördernd, Magnesium, Eisen, Phosphat und Gerbstoffe fördern zudem die Gesundheit, indem sie zur Stärkung des Immunsystems beitragen.

Wissenswertes Blätter und Samen enthalten in geringen Mengen Glycoside (Blausäure). Deshalb sollte man die Kerne nicht zerkauen, dann werden sie unverändert wieder ausgeschieden.

RICOTTAPUDDING MIT **FELSENBIRNEN**

ZUTATEN FÜR 12 KLEINE PUDDINGS MIT SOSSE:
250 G FELSENBIRNEN | 2–3 EL ARMAGNAC | 1 UNBEHANDELTE ZITRONE | 500 G RICOTTA (ITALIENISCHER FRISCHKÄSE) | 5 EIER, GETRENNT | 5 EL ZUCKER | 1 TL ZIMT | 3–4 EL GRIESS | 150 ML FRUCHTIGER WEISSWEIN | PUDERZUCKER | 2 MUFFINBLECHE MIT JE 6 FÖRMCHEN | ETWAS BUTTER FÜR DIE FÖRMCHEN

1. Eine Tasse voll Felsenbirnen mit dem Cognac vermischen und durchziehen lassen. Die Schale der Zitrone abreiben. Die Fettpfanne des Backofens mit heißem Wasser füllen und den Ofen auf 160 °C vorheizen. Die Muffinbleche mit der Butter einfetten.
2. Den Ricotta mit den Eigelben, Zucker und Zimt, dem Grieß und der Zitronenschale verrühren. Das Eiweiß zu festem Schnee schlagen und vorsichtig unterheben. Ebenso die eingeweichten Felsenbirnen.
3. Die Förmchen mit der Ricottamasse füllen und auf der untersten Schiene des Backofens in das Wasser der Fettpfanne setzen. Den Pudding etwa 35 Minuten backen, bis er leicht goldbraun ist und an einer eingestochenen Nadel kein Teig mehr anhaftet.
4. Inzwischen eine Hälfte der Zitrone auspressen und 2 EL Saft mit den übrigen Felsenbirnen und dem Wein langsam aufkochen und eine Viertelstunde köcheln lassen. Anschließend alles pürieren und durch ein Sieb streichen.
5. Diese Soße zu den mit Puderzucker bestreuten Ricottapuddings servieren. Schmeckt lauwarm und auch gekühlt sehr lecker.

MARASCHINO-EIS MIT **FELSENBIRNEN**

ZUTATEN FÜR CA. 1500 ML:
150 G FELSENBIRNEN (ETWA 2 TASSEN VOLL) | 4 EL MARASCHINO | 100 G ZITRONAT | 100 G HAFERKEKSE | 6 EIER | 60 G ZUCKER | ½ TL BOURBONVANILLE | 250 ML MILCH | 400 ML SCHLAGSAHNE

1. Die Felsenbirnen mit dem Likör übergießen und etwas durchziehen lassen, das Zitronat klein wiegen und die Haferkekse sehr fein zerbröseln.
2. Die Eier trennen. Das Eigelb mit dem Zucker, der Vanille und der Milch verrühren und unter kräftigem Schlagen kurz aufkochen, dann gleich vom Feuer ziehen und noch einige Zeit weiterschlagen. Nachdem die Masse erkaltet ist, füllt man sie in flache Schalen (oder, wenn vorhanden, in die Eismaschine), stellt sie in den Gefrierschrank und rührt sie alle halbe Stunde mit einer Gabel gut durch.
3. Sobald die Masse halb gefroren ist, gibt man die marinierten Früchte, das Zitronat, die Kekskrümel und die geschlagene Sahne dazu und rührt in regelmäßigen Abständen weiter. Wenn sie fast fest ist, rührt man noch die geschlagene Sahne unter.
4. Etwa eine Viertelstunde vor dem Servieren nimmt man die Schale aus dem Tiefkühlschrank und lässt das Eis etwas antauen. Das Eis schmeckt besonders gut, wenn man es mit etwas Maraschino übergießt oder mit Felsenbirnensoße (wie im vorigen Rezept) serviert.

Tipps: Anstatt Maraschino kann man auch Kirschlikör mit Schokolade verwenden.
Wer es leichter mag, rührt anstatt der Schlagsahne die zu steifem Schnee geschlagenen Eiweiße unter.
Ein sehr erfrischendes Getränk für heiße Tage bekommt man, wenn man zwei Kugeln von dem Eis mit einem Glas Buttermilch verrührt.

Hagebutte

ROSA CANINA, ROSA RUGOSA, ROSA GALLICA, ROSA PIMPINELLIFOLIA ETC.

SYNONYME:	HÄGEN, HIEFE, HIFFEN, HIFTEN, ROSENÄPFEL, HETSCHHIVEN, HETSCHERL, HIVEN, HETSCHEPETSCHE
FAMILIE:	ROSENGEWÄCHSE
WUCHSHÖHE:	2–4 M
BLÜTE:	MAI BIS ENDE JUNI
FRUCHTREIFE/SAMMELZEIT:	ENDE AUGUST BIS OKTOBER
VORKOMMEN:	IN GEBÜSCHEN UND HECKEN, AUF BRACHFLÄCHEN, AN FELSIGEN HÄNGEN, WEG- UND WALDRÄNDERN, IN NATURNAHEN GÄRTEN

Aussehen und Anbau Mit Beginn des Spätsommers treffen Wanderer und Spaziergänger auf Hagebutten, die leuchtenden Früchte der Wildrosen. Doch nicht nur am Wegesrand, auch im Garten dürfen sich wilde Rosen wieder sehen lassen, seit ihr großes Potenzial ins Bewusstsein der Gärtner zurückkehrt. Schließlich blühen sie nicht nur märchenhaft romantisch, sondern viele von ihnen liefern auch Früchte, deren Gesundheitswert rekordverdächtig ist. Dabei ist die Pflege der ca. 200 Wildrosenarten wesentlich weniger aufwändig als die »moderner« Edelrosen: Als heimische Wildpflanzen sind sie an hiesige Bedingungen bestens angepasst und brauchen weder gespritzt noch gegossen und kaum verschnitten werden. Auch lästige Wildtriebe kommen nicht vor, da sie auf eigener Wurzel stehen. Für fast alle Boden- und Lichtverhältnisse gibt es geeignete Sorten. Sie blühen zwar nur einmal im Jahr, dann aber überreich in einer Farbpalette, die von Weiß über vielerlei Rosétöne bis zu dunklem Purpur reicht. Durch einen geschickten Mix aus früh- und spätblühenden Arten kann die Blütezeit von Mitte Mai bis Ende Juli ausgedehnt werden. Die meist ungefüllten Blüten sind fünfzählig, mit vielen die Mitte umkreisenden Staubblättern. Viele Sorten tragen auch halbgefüllte Blüten oder verströmen zarte Düfte, die zum Träumen einladen. Bei etlichen Rosen sind dafür übrigens spezielle Duftdrüsen unterhalb der Blätter verantwortlich.

Ab August zieren dann Hagebutten die vielgestaltigen, stacheligen Sträucher, deren Triebe sich meist bogenförmig nach außen neigen. Wer glaubt, die prallen Früchte glänzen immer rot, der irrt: Es finden sich auch gelbe, orangefarbene und sogar schwarze Hagebutten, wie die der Bibernellrose (*Rosa pimpinellifolia*). Ihre Gestalt ist meist länglich oval, mitunter kommen sie aber auch kugelig und flaschenförmig daher. In unterschiedlichen Größen, teilweise mit kleinen Stacheln besetzt, laden sie zum Betrachten und Ernten ein. Am Strauch verbleibende Hagebutten dienen später als winterlicher Schmuck und Futter für 27 Vogelarten, wie Amseln, Dompfaff, Kernbeißer und Seidenschwanz. Auch 19 Säugetierarten versorgen sie mit Winterfutter. Die gezielte Vermehrung von Wildrosen erfolgt durch Aussaat gesammelter Samen und Grünstecklinge, die im Sommer geschnitten werden.

Absoluter Spitzenreiter unter den Vitamin C-reichen Früchten sind die der Pillnitzer Vitaminrose PiRo3, einer Kreuzung aus Alpenrose (*Rosa pendulina*) und Vogesenrose (*Rosa dumalis*), die von Rosenforschern aus Dresden-Pillnitz 1960 gezüchtet und als Sorte für den Obstbau eingeführt wurde. Ihre großen, etwa drei Zentimeter langen Früchte reifen gleichmäßig, lassen sich wegen der wenigen Stacheln gut ernten und liefern besonders viel und weiches Fruchtfleisch.

Verwendung in der Küche

Hagebuttenmark selbst herzustellen oder die Früchte für Tee zu trocknen, ist zugegebenermaßen sehr aufwändig. Aber der Geschmack übertrifft den der meisten gekauften Produkte erheblich, da diese oft mit anderen Früchten gestreckt wurden. Reines Hagebuttenmus, das auf Wochenmärkten und in Reformhäusern angeboten wird, hat verständlicherweise seinen Preis, aber es ist eine gute Alternative für diejenigen, die wenig Zeit haben.

Meist werden die Früchte der Hundsrose (*Rosa canina*), der Kartoffelrose (*Rosa rugosa*) und der Weinrose (*Rosa rubiginosa*) geerntet. Sobald sie sich voll ausgefärbt haben, ist dafür der optimale Zeitpunkt gekommen, denn dann ist ihr Geschmack besonders intensiv und der Vitamingehalt am höchsten. Es lohnt auf jeden Fall, sich die Mühe zu machen und die kleinen Kerne aus den noch festen Früchten herauszukratzen, denn die mehrkantigen, steinharten Nüsschen, deren Haare mit Widerhaken versehen sind, müssen so oder so entfernt werden. Zum Entkernen schneidet man vorher die Fliege ab und halbiert die Hagebutten. Aber auch schon etwas weich gewordene Hagebutten haben noch jede Menge gesunder Inhaltsstoffe und lassen sich besonders gut für roh gerührtes Hagebuttenmus und zur Likörherstellung benutzen. Für Ersteres dreht man die gewaschenen Früchte durch einen Fleischwolf oder hackt sie mit dem Wiegemesser klein. Anschließend werden sie mit wenig Wasser vermischt und zugedeckt an einen kühlen Platz gestellt. Hin und wieder rührt man alles um. Wenn die Fruchtmasse weich genug ist – das kann bis zu drei Tage dauern – streicht man sie zuerst durch ein grobes Sieb, um die Kerne zu entfernen, und anschließend das gewonnene Mus mehrmals durch ein sehr feines Sieb, damit alle Härchen entfernt werden. Die im Sieb zurückgebliebenen Reste nicht wegschütten! Sie können noch als Ansatz für Likör verwendet oder für Soßen ausgekocht werden. Bei sehr hartschaligen Hagebutten und für Marmelade kocht man den Fruchtbrei auf. Aus 2 kg Hagebutten, vermischt mit 500 ml Wasser, gewinnt man ca. 800 ml Hagebuttenmus. Gekühlt bleibt es etwa drei Tage haltbar und kann sehr gut eingefroren werden. Dieses köstliche Mus ist äußerst vielseitig verwendbar und verleiht vielen Gerichten ein besonderes Aroma. Es kann beispielsweise mit Äpfeln, Quitten oder Kürbis ergänzt und mit Honig, Zitrone, Ingwer, Zimt, Koriander, Vanille und Anis gewürzt werden. Es verfeinert Frischkäse, Quark- und Süßspeisen, dient als Füllung für Gebäck oder als Soße für Fleischgerichte. Zusammen mit Zwiebeln, Trockenfrüchten und Chili kocht man aus entkernten Hagebutten auch Chutney oder eine herbstliche Hagebuttensuppe nach Omas Rezept.

Besonders lecker ist Zwiebelkuchen, dessen Belag durch ein paar Hagebutten ergänzt wurde.

Für Hagebuttentee trocknet man die entkernten, halbierten Früchte mit Umluft langsam bei höchstens 40 °C im leicht geöffneten Backofen auf einer Lage Papier auf dem Rost. Zur Teebereitung weicht man die Früchte über Nacht in kaltem Wasser ein, kocht sie zusammen mit dem Einweichwasser kurz auf und lässt sie anschließend noch etwa zehn Minuten ziehen. Der Tee schmeckt mit Honig, Ingwer und Zitrone besonders gut.

Übrigens: Mit den Blütenblättern duftender Rosen bereitete Getränke, Süßspeisen, Nudeln und Risotto bezaubern große und kleine Gäste!

Heilwirkungen

Vor allem ihrem hohen Vitamin C-Gehalt – er liegt bis zu 50-mal höher als der von Zitronen – ist es zuzuschreiben, dass Hagebutten so wirkungsvoll dazu beitragen, gesund über den Winter zu kommen. Daneben sorgen Vitamine der B-Gruppe, Biophenole, Fruchtsäuren und Carotin sowie reichlich Kalzium, Kalium und Magnesium aus dem Hagebuttenfruchtfleisch für starke Abwehrkräfte und gute Konzentrationsfähigkeit.

Vor einigen Jahren konnte in Dänemark die Wirksamkeit des Stoffes Galaktolopid aus wilden Hagebutten erstmals in klinischen Studien nachgewiesen werden. Seither ist das gefragte Hagebuttenextrakt in Apotheken erhältlich und wird erfolgreich zur Behandlung von Arthrose eingesetzt. Durch seine antientzündliche Wirkung werden Schmerzen verringert und die Beweglichkeit der Gelenke erheblich verbessert.
Tee aus Hagebuttenkernen, auch Kernlestee genannt, wird in der Volksheilkunde als harntreibendes Mittel bei Blasen- und Nierenerkrankungen sowie bei Ödemen empfohlen und soll die Ausscheidung von Giftstoffen aus dem Körper beschleunigen.

Wissenswertes Seit Hagebutten wieder in aller Munde sind, steigt ihre Nachfrage so enorm, dass man in einigen Ländern Europas schon mit dem wirtschaftlichen Anbau von Hagebutten begonnen hat.
Die Essig-Rose (*Rosa gallica*) wurde bereits von den Römern als Heilpflanze und zur Herstellung von Parfüm und Rosenessig in Plantagen angebaut. In Klostergärten wurde sie weiterkultiviert, und sie ist eine der Urmütter heutiger Gartenrosen. Zusammen mit der heimischen Hundsrose, der aus China stammenden Moschusrose und der aus Kleinasien kommenden Damaszenerrose ist sie auch am Erbgut der gefüllt blühenden Zentifolien, einer Gruppe lieblich duftender, winterharter Rosen, beteiligt. Aus deren Blütenblättern wird kostbares Rosenöl gewonnen, das in der Parfüm- und Kosmetikindustrie ebenso gefragt ist wie in der Aromatherapie. Es verfügt über eine aphrodisische, stimmungsaufhellende und belebende Wirkung. Kein Wunder also, dass es auch zur Aromatisierung von Genussmitteln aller Art verwendet wird.
Rosen üben schon seit Jahrtausenden in vielerlei Hinsicht eine starke Faszination auf den Menschen aus. Sie sind als Liebes- und Symbolpflanzen in der Mythologie genauso tief verankert wie im Brauchtum des einfachen Volkes, im Christentum und der Politik.
Auf dem Friedhof des Hildesheimer Mariendoms wächst hinter dem Domchor eine sagenumwobene Wildrose, der Tausendjährige Rosenstock. Er gilt als Garant des Lebens an diesem Ort. Der Legende nach wurde unter ihren Zweigen im Jahre 815 das Leben Kaiser Ludwigs des Frommen durch ein Wunder gerettet. Daraufhin ließ an dieser Stelle eine Kapelle errichten, später entstanden dort der Dom und die Stadt Hildesheim. Als nach einem Bombenangriff im Zweiten Weltkrieg der Rosenstock am Dom verbrannte, entwickelten sich aus den Resten dennoch neue Triebe. Heute rankt die Rose sogar zehn Meter hoch. Durch unterirdische Sprosse können Hundsrosen ständig neue Wurzeln und Triebe bilden und sich so bei guten Wachstumsbedingungen über Jahrtausende vegetativ vermehren und als dieselbe Pflanze erhalten bleiben.
Die Gemeine Rosengallwespe bildet an Wildrosen typische Gallen, in denen sich in bis zu 30 Kammern ihre Larven entwickeln. Die kugeligen Gebilde mit haarigen Auswüchsen und einem Umfang von etwa fünf Zentimetern sind als Rosenschwamm, Rosengalle oder auch Schlafapfel bekannt. Im Mittelalter sagte man ihnen eine schlaffördernde Wirkung nach und legte die »Zauberkugeln« Kindern und Geisteskranken zur Beruhigung unters Kopfkissen.

VERSCHNEITE EISENBAHN-SCHIENEN

ZUTATEN FÜR CA. 16 STÜCK:
300 G MEHL | 200 G KALTE BUTTER | 100 G ZUCKER | 2 EIER | SALZ | 400 G MARZIPAN-ROHMASSE | 75 G PUDERZUCKER | 4 EL MILCH | 1 EIGELB | 2 EL SCHLAGSAHNE | CA. 300 ML HAGEBUTTENMARMELADE | STAUBZUCKER ZUM BESTREUEN | ETWAS BUTTER ZUM FETTEN DES BLECHS

1. Das Mehl mit der in Flöckchen geschnittenen Butter, dem Zucker, einem Ei und einer Prise Salz zu einem glatten Teig verkneten, in Folie wickeln und ca. 30 Minuten kalt stellen.
2. Den Herd auf etwa 180 °C vorheizen und ein Backblech einfetten. Den Teig zwischen zwei Lagen Frischhaltefolie zu einem Quadrat von ca. 25 Zentimetern Seitenlänge ausrollen, auf das Blech legen und ca. 10 Minuten backen. Anschließend sofort in etwa 5 Zentimeter breite Streifen schneiden und diese etwas auseinanderrücken.
3. Die Marzipanrohmasse mit dem Puderzucker verkneten, dann nach und nach die Milch und ein Ei unterkneten, bis eine homogene Masse entstanden ist. Diese portionsweise in einen Spritzbeutel füllen und in Streifen an die Längsränder der Mürbeteigplatten spritzen, mit der restlichen Marzipanmasse in regelmäßigen Abständen Querstreifen als Schwellen dazwischenspritzen.
4. Das Eigelb mit der Sahne verquirlen. Die Marzipanstreifen damit bestreichen und nochmals 12 Minuten backen. Die Hagebuttenmarmelade erwärmen und die Teigstreifen damit füllen.
5. Nach dem Abkühlen mit reichlich Puderzucker bestreuen und in Stücke schneiden.

CREMIGE **HAGEBUTTENSOSSE**

ZUTATEN FÜR 4–6 PORTIONEN:
1–2 EL BUTTER | 1 ZWIEBEL, KLEIN GEWÜRFELT | 200 G BUTTERNUSSKÜRBIS, GESCHÄLT UND IN KLEINE STÜCKE GESCHNITTEN | 200 ML ROTWEIN | 1 WALNUSSGROSSES STÜCK INGWER, GERIEBEN | 200–300 ML HAGEBUTTENMUS | 1 HAND VOLL FRISCHE HAGEBUTTEN, ENTKERNT UND IN FEINE STREIFEN GESCHNITTEN | 200 ML SCHLAGSAHNE | SALZ | ZUCKER | PFEFFER | ETWAS ZITRONENSAFT

1. Die Butter schmelzen lassen, die Zwiebel und die Kürbisstücke darin anschwitzen, den Rotwein angießen und ohne Deckel zur Hälfte einkochen lassen.
2. Den Ingwer, das Hagebuttenmus, die Hagebuttenstreifen und die Sahne zufügen und eine halbe Stunde abgedeckt bei mittlerer Hitze köcheln lassen. Zum Schluss die Soße mit Salz, Zucker, Pfeffer und Zitronensaft abschmecken.

Tipps: Semmelknödel mit Käse und Wildkräutern und ein deftiges Steak runden diesen Herbstschmaus besonders gut ab!
Mit noch mehr Kürbis, Rotwein und etwas Gemüsebrühe wird daraus eine leckere Suppe.

HAGEBUTTENLIKÖR

ZUTATEN FÜR EINEN HALBEN LITER:
700 G HAGEBUTTEN | 175 G BRAUNER ROHRZUCKER ODER KANDIS | 2 G NELKEN | 4 G KARDAMOMKAPSELN, ANGEDRÜCKT | 5 G ZIMTRINDE | SCHALE VON JE EINER BIOZITRONE UND -ORANGE, ALTERNATIV JE 5 G GETROCKNETE ZITRONEN- UND ORANGENSCHALE | 500 ML WODKA ODER DOPPELKORN

Die Hagebutten vierteln und zusammen mit den anderen Zutaten in einem großen Schraubglas auf einer sonnigen Fensterbank durchziehen lassen. Hin und wieder umschütteln. Nach etwa acht Wochen kann der Likör abgefiltert werden, eine längere Ziehzeit lässt das Aroma noch intensiver und runder werden.

Tipps: Für den Likör können auch Kerne und sauberes Fruchtfleisch getrennt angesetzt und erst im Nachhinein vermischt werden. So wird es leichter, die durchgezogenen Früchte für ein beschwipstes Mus durchs Sieb zu streichen.
Die Gewürzmischung ist auch für Hagebuttenmarmelade zu empfehlen, dann aber nur gemahlene Gewürze verwenden!

Heidelbeere

VACCINIUM MYRTILLUS

SYNONYME:	BLAUBEERE, BICKBEERE, SCHWARZBEERE, HÄLLBEERE, HEIDEL
FAMILIE:	HEIDEKRAUTGEWÄCHSE
WUCHSHÖHE:	BIS 50 CM
BLÜTE:	APRIL BIS MAI
FRUCHTREIFE/SAMMELZEIT:	JULI BIS SEPTEMBER
VORKOMMEN:	IN HEIDE- UND MOORLANDSCHAFTEN, IN LICHTEN WÄLDERN AUF NÄHRSTOFFARMEN, SAUREN BÖDEN

Aussehen und Anbau Waldheidelbeeren sind sommergrüne Zwergsträucher mit lichtgrünen, kleinen ovalen Blättern. Sie stehen dicht aneinander wechselständig an den vierkantigen, aufrechten und ebenfalls grünen Stängeln. Ihre Ränder sind fein gesägt. Die fünfzähligen, glockigen Blüten sitzen in den oberen Blattachseln und wechseln ihre Farbe von Grün nach Weinrot. Daraus entwickeln sich die begehrten, blauschwarzen, mit hellblauem Reif überzogen Früchte mit saftigem, tief dunkelrotem Fruchtfleisch. Selten werden sie angebaut, denn sie gedeihen nur auf sauren Böden. Den brauchen Kulturheidelbeeren zwar auch, aber bei einer Größe von bis zu zwei Metern und deutlich größeren Früchten kann man mit wesentlich höheren Erträgen rechnen. Doch bis es so weit ist, braucht man Geduld: Erst nach sieben bis neun Jahren wird der volle Ertrag erreicht – bei guter Pflege allerdings dann bis zu fünfzig Jahre lang. Viel Dünger wirkt sich eher negativ auf das Wachstum aus. Geschmacklich und auch bezüglich ihrer Heilkräfte reichen sie zwar nicht ganz an die wilden Waldheidelbeeren heran, dafür sind sie länger haltbar und färben Zähne und Mund nicht dunkelblau.

Verwendung in der Küche Am besten schmecken Wildheidelbeeren natürlich frisch vom Strauch im Wald gepflückt.

Die nach Hause getragene Ernte lässt sich vielfältig verarbeiten: zu Kuchenbelag, mit Milchprodukten als Dessert, in Eierpfannkuchen gebacken, zu Blaubeereis, zu Likör oder Kompott. Besonders lecker ist Heidelbeerkompott zu Hefeklößen mit etwas brauner Butter und Zimt. Immer öfter werden sie aber auch als fruchtige Begleitung zu herzhaften Salaten, Fleisch- und Fischgerichten verwendet.

Einen köstlichen Fruchtaufstrich erhält man, wenn man frische Heidelbeeren und Gelierzucker 1 : 1 im Mixer fünf Minuten püriert, bis die Masse dick wird. Das geht schnell, und alle Vitamine bleiben erhalten. Im Kühlschrank bleibt er drei Wochen haltbar, eingefroren ein ganzes Jahr lang.

Nach einem alten Rezept aus Russland braute man einen Göttertrank, indem man zwei Beifußzweige in einen Liter kochendes Wasser tauchte, nach dem Erkalten Heidelbeeren zufügte und reichlich mit Honig süßte.

Heilwirkungen Wer viel Stress hat und trotzdem gesund und bis ins hohe Alter topfit bleiben will, sollte jeden Tag eine Hand voll Heidelbeeren essen, denn sie gehören zu den Früchten mit dem größten antioxidativen Potenzial. Bei Stress und Krankheit im Organismus überschüssig auftretende freie Radikale werden von Antioxidantien gebunden und die Körperzellen bei der Erfüllung ihrer speziellen Aufgaben nicht weiter behindert. Dabei spielen Phenole und Anthocyane, die in Heidelbeeren reichlich vorkommen, eine besondere Rolle. Sie schützen die Blutgefäße und beugen so Herz-Kreislauf-Erkrankungen vor. Auch unterstützen sie die Lernfähigkeit und das Gedächtnis, sie fördern die Koordination und den Gleichgewichtssinn. Sie stabilisieren das Immunsystem und helfen, Krebserkrankungen vorzubeugen.
Anthocyane erhöhen auch die Widerstandskraft der Kapillaren, wovon sowohl Menschen, die Gerinnungshemmer einnehmen müssen, als auch diejenigen, die zur Bildung von Ödemen neigen, profitieren.
Zusammen mit Vitamin A, das in Heidelbeeren in großer Menge vorkommt, bewirken die Anthocyane eine schnellere Regeneration des Sehfarbstoffs im Auge: die Blendeempfindlichkeit nimmt ab, die Augen ermüden weniger schnell und das Sehen bei Nacht wird verbessert. Mit Vitamin E lässt sich dieser Effekt noch verbessern, weshalb die Einnahme zusammen mit Heidelbeerpräparaten auch bei Augenerkrankungen empfohlen wird.
Daneben sind eine Fülle an Vitaminen der B-Gruppe, Vitamin C, Flavonoide, Fruchtsäuren, Pektine, entzündungshemmende Gerbstoffe, die Aminosäure Tryptophan, die beim Einschlafen hilft, Mineralien und Zuckerstoffe enthalten.
Während frische Heidelbeeren leicht abführend wirken, werden die getrockneten Früchte bei akuten Durchfallerkrankungen eingesetzt. Besonders Kinder mögen diese wohlschmeckende Medizin.
Äußerlich angewendet hilft Tee aus getrockneten Heidelbeeren bei entzündlichen Hautreizungen und Schwellungen. Da die längere innerliche Anwendung von Teezubereitungen aus den Blättern zu Vergiftungen führen kann, wird diese früher häufige Verwendung heute nicht mehr empfohlen.

Wissenswertes Heidelbeeren färben Finger, Zähne und Mund schwarzblau. Mit etwas Zitrone lässt sich die Farbe aber wieder entfernen. Diese große Färbekraft nutzten schon die Kelten zum Färben ihrer Kleidung. Die römischen Sklaven wurden in mit Beeren blauviolett gefärbte Gewänder gekleidet, um sie leicht erkennbar zu machen. Und auch Wein wurde mit Heidelbeersaft gefärbt.
Die Kulturheidelbeeren, die es inzwischen in jedem Obstregal gibt, stammen nicht von den in Europa heimischen Heidelbeeren ab, sondern sind Züchtungen aus nordamerikanischen Wildformen. Ihr Fruchtfleisch ist weiß. Die färbenden Anthocyane befinden sich bei ihnen in der Fruchtschale. Vor ihrem Anbau als weltweit bedeutsamer Obstlieferant waren Kulturheidelbeeren bereits aufgrund ihrer dekorativen Herbstfärbung als Zierpflanze in Europa eingeführt worden.

GEBACKENES WOLFSBARSCHFILET MIT GORGONZOLA UND **HEIDELBEERJUICE**

ZUTATEN FÜR 3–4 PORTIONEN:
400 G WOLFSBARSCHFILET | 1 ZITRONE (SAFT) | SALZ | 150 G GORGONZOLA | 2 EL SEMMELMEHL | 1 TL BUTTER | 250 G WALDHEIDELBEEREN | 200 ML ROTWEIN | 1 EL AGAVENSIRUP | 2 G BINDOBIN (GESCHMACKSNEUTRALES BINDEMITTEL AUS JOHANNISBROTKERNEN) | 1 PRISE SALZ | 250 G TAGLIOLINE AL LIMONE (NUDELN MIT ZITRONENGESCHMACK) | 1 EL BUTTER | 1 ROMANA-SALATHERZ | 2 HÄNDE VOLL RUCOLA

1. Den Backofen auf 200 °C vorheizen. Das Fischfilet in ca. 5 Zentimeter breite Streifen schneiden, mit zwei Dritteln des Zitronensafts säuern und salzen.
2. Den Gorgonzola mit dem Semmelmehl verkneten und zwischen zwei Lagen Frischhaltefolie ca. 3 Millimeter dick ausrollen, in passende Streifen schneiden und das Fischfilet damit belegen. Ein Blech fetten, die Fischfilets daraufsetzen und beiseitestellen. Das Nudelwasser aufsetzen.
3. Einige Heidelbeeren für die Dekoration beiseitestellen. Die übrigen mit dem Rotwein und dem Agavensirup erhitzen, das Bindobin einrühren, alles aufkochen lassen und mit dem restlichen Zitronensaft und einer Prise Salz abschmecken.
4. Die Pasta nach Packungsanweisung al dente kochen, kurz abschrecken und etwas Butter untermengen. Den Backofengrill zuschalten und die Fischfilets auf mittlerer Schiene fünf Minuten backen. Die Salate putzen und alles mit den beiseitegestellten Heidelbeeren appetitlich anrichten.

THÜRINGER **HEIDELBEER-KUCHEN** MIT GUSS

ZUTATEN FÜR EIN GROSSES BLECH:

FÜR DEN TEIG:
500 G MEHL UND ETWAS ZUM ARBEITEN | 75 G ZUCKER | 1 WÜRFEL (42 G) HEFE | 120 ML LAUWARME MILCH | 1 GROSSE PRISE SALZ | 1 PK. VANILLEZUCKER | 1 UNBEHANDELTE ZITRONE (ABGERIEBENE SCHALE) | 1 EI | 1 EIGELB | 75 G BUTTER UND ETWAS ZUM FETTEN DES BLECHES

FÜR DEN BELAG:
1 KG HEIDELBEEREN | ¼ L MILCH | 1 PK. VANILLEPUDDING | 100 G ZUCKER | 50 G WEICHE BUTTER | 3 EIGELB | 250 G SCHMAND | 250 G QUARK | ZIMT ZUM BESTREUEN

1. Den Backofen auf maximal 50 °C vorheizen.
2. Das Mehl in eine große Schüssel sieben, eine Mulde hineindrücken und den Zucker hineingeben. Die Hefe kleinbröseln, in die Mulde geben und mit einigen Löffeln Milch und dem Zucker verquirlen, bis sie sich völlig aufgelöst hat. Die restliche Milch dazugießen und mit einem Teil des Mehls zu einem dünnen Vorteig verkneten. Abgedeckt mit einem Tuch in den vorgewärmten Backofen stellen und 15 Minuten gehen lassen.
3. Die übrigen Zutaten einarbeiten und alles auf bemehlter Arbeitsfläche kräftig kneten, bis ein glatter, luftiger Teig entstanden ist. Nach meiner Erfahrung geht das mit den Händen viel besser als mit dem Knethaken des Handrührgerätes. Die Schüssel mit etwas Mehl ausstäuben, den Teig hineinlegen und nochmals mindestens 20 Minuten gehen lassen, bis er deutlich an Volumen zugenommen hat. Auf bemehlter Arbeitsfläche erneut durchkneten und auf dem gefetteten Blech ausrollen. Rundherum einen Rand formen.
4. Den Backofen auf 200 °C vorheizen. Die Heidelbeeren auf dem Teig verteilen. Etwas von der Milch abnehmen und mit dem Puddingpulver und dem Zucker verquirlen. Mit der restlichen Milch einen Pudding kochen, nach und nach alle übrigen Zutaten hineinrühren und die Masse auf den Heidelbeeren verteilen. Nochmals gehen lassen und dann etwa 30 Minuten backen. Den fertigen Kuchen mit Zimt bestreuen.

Tipp: Genauso bereitet man Apfel- und Zwetschgenkuchen zu. Den Guss kann man auch durch Streusel ersetzen.

HEIDELBEERKALTSCHALE

Die Heidelbeeren werden mit etwas Zucker vermengt und eine Stunde stehen gelassen. Dann gießt man Milch oder süße Sahne dazu. Genauso kann man auch Erdbeeren oder Himbeeren zubereiten.

MARINIERTER WILDSCHWEINNACKEN MIT **HEIDELBEEREN** UND WALDPILZRISOTTO

ZUTATEN FÜR 4 PORTIONEN:

FÜR DEN WILDSCHWEINNACKEN:
5 WACHOLDERBEEREN | 1 GROSSE KNOBLAUCHZEHE | 4 EL BALSAMICO | 4 EL OLIVENÖL | 1 EL WALDHONIG | 200 ML ROTWEIN | SALZ | PFEFFER | 500 G WILDSCHWEINNACKEN | 2 EL COGNAC | 250 G WALDHEIDELBEEREN

FÜR DAS RISOTTO:
20 G GETROCKNETE WALDPILZE | 125 ML WEISSWEIN | 900 ML GEMÜSE- ODER WALDPILZFOND | 2 EL BUTTER | 1 ZWIEBEL, FEIN GEWÜRFELT | 250 G RISOTTOREIS | 60 G BERGKÄSE, GERIEBEN | 1 EL ROSMARINNADELN, FEIN GEWIEGT

AUSSERDEM:
200 G PFIFFERLINGE | 1 EL BUTTER | SALZ | PFEFFER

1. Für die Marinade die zerstoßenen Wacholderbeeren, den Knoblauch, den Balsamico, 1 EL Öl, den Honig und den Rotwein mit dem Pürierstab mixen, Salz und Pfeffer unterrühren und die Marinade über das Fleisch gießen. Mindestens zwei Stunden, besser über Nacht, durchziehen lassen.

2. Die Waldpilze im Weißwein zwei Stunden einweichen.

3. Das restliche Olivenöl erhitzen und den abgetropften Wildschweinnacken darin rundherum kräftig anbraten die Marinade durch ein Sieb zugießen und bei geschlossenem Deckel ca. eine Stunde schmoren lassen. Dabei hin und wieder wenden.

4. Nun die Waldpilze abgießen, dabei den Sud auffangen und die ausgedrückten Pilze fein wiegen. Den Fond erwärmen. Die Butter schmelzen lassen, die Zwiebel darin anschwitzen, nacheinander die Pilze zufügen und den Reis einrühren. Wenn er glasig geworden ist, den Pilzsud und 300 Milliliter Fond zugießen und unter regelmäßigem Rühren etwa 45 Minuten köcheln lassen. Dabei nach und nach den restlichen Fond zugießen, bis alle Flüssigkeit aufgesogen ist. Zum Ende der Garzeit den Bergkäse und die Rosmarinnadeln unterrühren.

5. Die Pfifferlinge mit einem Pinsel oder Küchenpapier säubern, längs vierteln und in der heißen Butter bei mittlerer Hitze zehn Minuten sanft braten. Mit Salz und Pfeffer würzen.

6. Die Bratenstücke aus der Pfanne nehmen und in Alufolie gewickelt ruhen lassen. Den Cognac und die Heidelbeeren zum Bratenfond geben und mit einer Gabel leicht zerdrücken. Kurz aufkochen lassen und abschmecken. Das Fleisch in Scheiben schneiden und alles auf vorgewärmten Tellern anrichten.

Himbeere

RUBUS IDAEUS

SYNONYME:	AMBAS, AMBER, HOHLBEERE, KATZENBEERE, HIMKES, HIMMERE, HIMPELBEER, HINTPERI, HOHLBEERE, KINDLBEER, MADEBEERE, MOLLBEERE
FAMILIE:	ROSENGEWÄCHSE
WUCHSHÖHE:	BIS ZU 2 M
BLÜTE:	MAI BIS AUGUST
FRUCHTREIFE/SAMMELZEIT:	JUNI BIS OKTOBER
VORKOMMEN:	AN WALDWEGEN, AUF WALDLICHTUNGEN UND IN KAHLSCHLÄGEN, IN GÄRTEN

Aussehen und Anbau Die samtig roten Früchte des Himbeerstrauchs reifen in traubigen Büscheln an den sogenannten Ruten. Wenn sie sich ganz leicht vom Blütenboden abziehen lassen, sind sie richtig reif und herrlich aromatisch. Die schwach dornigen Stängel stehen aufrecht. Wechselseitig angeordnet wachsen daran die drei- bis fünfzähligen Blätter, deren Oberseite dunkelgrün, die Unterseite dicht weißfilzig behaart ist. An den Vorjahrestrieben erscheinen bereits im Mai zart duftende, weiße Blüten, die schon ab Juni eine erste Ernte bringen. Die Früchte der neuen Triebe reifen dann später bis tief in den Herbst.
Im Garten danken Himbeeren gute Pflege mit besonders reicher Ernte und größeren Früchten. Dafür pflanzt man die flachwurzelnden Ruten am besten an einen sonnigen bis halbschattigen Platz in gut vorbereiteten Boden: Man hebt eine spatentiefe Furche aus und vermischt die Erde großzügig mit reifem Kompost oder Stallmist. Mit diesem Gemisch bildet man auch einen Damm beidseits entlang der Himbeerreihe, mulcht regelmäßig mit Grasschnitt und gießt bei Trockenheit reichlich. Nur Staunässe sollte man vermeiden. Um der Rutenkrankheit vorzubeugen, werden die abgeernteten Triebe des Vorjahres bodennah zurückgeschnitten.

Verwendung in der Küche Nicht nur frisch vom Strauch genascht versorgen uns die kalorienarmen Früchte mit einer breiten Palette an Vitaminen und Mineralstoffen. Pur oder im Zusammenspiel mit Vanille, Schokolade, Zitrusfrüchten oder Kokos lassen sich leckere Desserts mit Milchprodukten aller Art komponieren. Mit weicher Butter und Zucker vermischt und anschließend gekühlt erhält man einen leckeren Aufstrich für Pfannkuchen. Heiße Himbeeren zu Vanilleeis oder Himbeeressig sind geradezu Klassiker. Auch zu Sirup, Likör und Wein, Chutneys, Marmelade und Fruchtmus werden Himbeeren gerne verarbeitet. Raffiniert ergänzen die Früchte auch herzhafte Salate, Geflügel und helles Fleisch.
Himbeeren eignen sich bestens zum Einfrieren, da sie ihr Aroma behalten. Für Aufstriche empfiehlt es sich, die Beeren durch ein Sieb zu streichen, die vielen kleinen Kerne stören sonst den Genuss.

Heilwirkungen Himbeerblätter enthalten viele Gerbstoffe mit Gallus- und Ellagsäure, Flavonoide, mehr Vitamin C als die Früchte und organische Säuren. Als Abkochung lindern Teezubereitungen daraus Schleimhautentzündungen im Mund- und Rachenraum sowie Durchfallerkrankungen. In der Volksheilkunde wird dieser gerbstoffreiche, adstringierende Tee auch zur Kräftigung des Zahnfleisches, bei Hautproblemen und zur Geburtsvorbereitung empfohlen.
Für einen Haus- und Frühstückstee reicht ein normaler Teeaufguss zusammen mit Erdbeer- und Brombeerblättern.
Dem Saft der Himbeere werden fiebersenkende Eigenschaften nachgesagt. Auf jeden Fall versüßt er bittere Medizin.

Wissenswertes Himbeersamen enthalten ca. 22 bis 25 Prozent Öl. Etwa zehn Kilogramm der kleinen Samen werden benötigt, um ein Kilogramm Himbeersamenöl zu gewinnen. Es enthält einen hohen Anteil an ungesättigten Fettsäuren, Linolsäure, Linolensäure, Vitamin E und Carotinoide. Das fruchtig duftende Öl ist kostbarer Bestandteil von Regenerationscremes für reifere Haut und Bestandteil hochwertiger Nahrungsergänzungsmittel.
Der deutsche Name der Himbeere hat seinen Ursprung in der althochdeutschen Bezeichnung »Hintperi«, die sich aus der altnordischen und angelsächsischen Vokabel »Hind« für Hirschkuh ableitet. Er beschreibt also die »Beere der Hirschkuh«.
Botanisch ist die Bezeichnung Beere nicht korrekt, da es sich um Sammelsteinfrüchte handelt, einen Zusammenschluss mehrerer Steinfrüchte, die jeweils einen Kern umgeben. Beeren umschließen dagegen mehrere Samen. Bei genauem Hinsehen kann man mitunter kleine gelbe Fäden auf den einzelnen Steinfrüchten der Himbeeren erkennen. Das sind die Überbleibsel der Blütennarbe.

HIMBEERSORBET

ZUTATEN FÜR CA. 1 L EIS:
400 G HIMBEEREN | 100 G ZUCKER | 100 ML WASSER | 100 ML MUSKATELLER, FRUCHTIGER SEKT ODER WEISSWEIN | 3–4 EL HIMBEERBALSAMICO | 3 EIWEISS | GRÜNER PFEFFER AUS DER MÜHLE | NACH BELIEBEN FRÜCHTE, LAVENDELBLÜTEN UND EISGLASUR (FERTIGPRODUKT)

1. Die sauber verlesenen Himbeeren pürieren. Den Zucker mit dem Wasser zu Sirup kochen und kurz abkühlen lassen. Dann mit dem Wein auffüllen, mit den Himbeeren vermischen und alles durch ein feines Sieb streichen.
2. Den Balsamico zugießen, die Masse mit dem Pürierstab locker aufmixen, in eine flache Schale füllen und in den Gefrierschrank stellen. Jede halbe Stunde mit einer Gabel gut durchrühren.
3. Wenn die Masse fast fest ist, das Eiweiß zu steifem Schnee schlagen und unterheben. Die Eismasse mindestens weitere 2 Stunden gefrieren lassen.
4. Das fertige Eis nach Belieben mit einem Eisportionierer oder einer kleinen Kelle auf frischen Früchten anrichten und mit grünem Pfeffer, Eisglasur und Lavendelblüten servieren.

HIMBEERSOUFFLÉ

ZUTATEN FÜR 4 PORTIONEN:
3 EIER, GETRENNT | 30 G PUDERZUCKER | 80 G QUARK | ½ EL SPEISESTÄRKE | 1 PRISE SALZ | 1 VANILLESCHOTE | 100 ML COGNAC | 100 G MARZIPANROHMASSE | 40 G SCHLAGSAHNE | 2 EL ZUCKER | 50 G HIMBEERPÜREE | BUTTER UND ZUCKER FÜR DIE FÖRMCHEN | HIMBEERKOMPOTT | PUDERZUCKER

1. Eine Auflaufform mit heißem Wasser füllen und den Backofen auf 180 °C vorheizen.
2. Die Eigelbe mit dem Puderzucker im heißen Wasserbad schaumig rühren.
3. Den Quark, die Speisestärke, das Salz, das ausgekratzte Vanillemark und den Cognac nach und nach unterrühren.
4. Die Marzipanrohmasse mit der Schlagsahne, dem Zucker und dem Himbeerpüree zu einer homogenen Masse vermischen und dem Eiergemisch zufügen. Das Eiweiß zu festem Schnee schlagen und vorsichtig unterheben.
5. Die Förmchen buttern und mit Zucker ausstreuen. Die Masse bis einen Zentimeter unter dem Rand einfüllen und im heißen Wasserbad ca. 30 Minuten garen. Die Förmchen herausnehmen und die Soufflés mit Himbeerkompott und Puderzucker anrichten und sofort servieren.

HIMBEERESSIG

ZUTATEN FÜR CA. 750 ML:
600 G HIMBEEREN | 600 ML ESSIG, HALB APFELESSIG UND HALB BALSAMICO | JE 2 ZWEIGE LAVENDEL UND BERGBOHNENKRAUT | 2–3 EL BRAUNER ZUCKER | 2 EL LIMETTENSAFT

1. Die Himbeeren sorgfältig verlesen (nicht waschen) und in ein sauberes Glas fullen, den Essig darübergießen, die Kräuter zufügen und das Glas gut verschließen. Den Essig mindestens zehn Tage auf eine Fensterbank stellen und ziehen lassen. Das Glas täglich leicht kreisend umschwenken.
2. Danach den Essig durch ein Sieb filtern, die Früchte dabei gut ausdrücken. Mit Zucker und Limettensaft abschmecken und in passende dunkle Glasflaschen füllen. Dieser fruchtig aromatische Essig hält gekühlt drei bis sechs Monate.

Tipp: Mit Walnussöl lässt sich der Essig gut zu einer Vinaigrette für Salate verschlagen.

Holunder

SAMBUCUS NIGRA

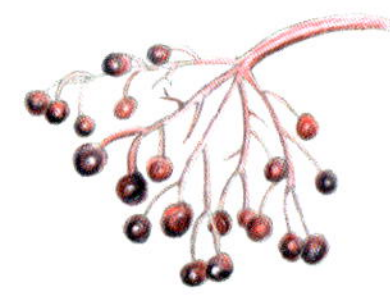

SYNONYME:	FLIEDER, HOLLER, SCHWARZHOLLER, ELDERBAUM, HUSHOLDER, KEILKEN, SCHWITZTEE
FAMILIE:	GEISSBLATTGEWÄCHSE
WUCHSHÖHE:	3–10 M
BLÜTE:	MAI BIS ENDE JUNI
FRUCHTREIFE/SAMMELZEIT:	ENDE AUGUST BIS SEPTEMBER
VORKOMMEN:	IN SIEDLUNGSNAHEN GEBÜSCHEN UND HECKEN, AN WEG- UND WALDRÄNDERN, IN GÄRTEN UND HÖFEN

Aussehen und Anbau Wenn sich der Holunder mit betörend duftenden Blüten schmückt, beginnt nach dem phänologischen Kalender der Frühsommer. Die flachen Trugdolden aus cremeweißen, fünfzähligen Einzelblüten gleichen kunstvollen Spitzen und sind in der Tat sogar doppelt wertvoll: Vollgetankt mit heilenden Kräften und würzigen Aromen erntet man sowohl die Blüten als auch die im Spätsommer daraus reifenden schwarzvioletten Holunderbeeren. Holunder wächst als weit ausladender Strauch oder stark verzweigter Baum mit überhängenden Ästen, der es etlichen anderen Pflanzen schwer macht, in seiner Nähe zu gedeihen. Deshalb sollte er in einigem Abstand zu den Gemüsebeeten gepflanzt werden.

Die graubraune Borke der dickeren Äste ist von Längsfurchen durchzogen und voller korkiger Verdickungen, den Lentizellen. Diese Öffnungen dienen dem Gasaustausch des darunterliegenden Gewebes mit der Erdatmosphäre. Die gegenständig angeordneten Blätter wachsen unpaarig gefiedert, sind auf der Oberseite dunkelgrün, die Unterseite ist heller und leicht bläulich. Das weiche, weiße Mark der hohlen Zweige lässt sich leicht herausstoßen; seit Jahrtausenden werden aus den Zweigen Holunderflöten geschnitzt.

Als äußerst robuste Pionierpflanze gedeiht der Holunder quasi überall, am besten jedoch auf stickstoffreichen, humosen Lehmböden in sonniger Lage. Das gezielte Zurückschneiden zu dicht wachsender und schwacher Äste ist zwar nicht nötig, fördert aber den Ertrag. Durch Stecklinge lässt sich Holunder leicht vermehren, allerdings sollte man darauf achten, dass sie nicht von Viren oder Holunderblattläusen befallen sind. Diese sind bei wild wachsendem Holunder weit verbreitet. Im Handel gibt es mittlerweile zahlreiche Holundersorten, die zum Teil auch in Plantagen angebaut werden. Selbst Liebhaber des Besonderen kommen auf ihre Kosten: Die Sorte »Red Holy« zum Beispiel überrascht mit dunkelroter Laubfärbung und rosafarbenen Blüten mit zitronenartigem Duft.

Verwendung in der Küche Die Blüten des Holunders sind wie die Beeren Nahrungs- und Heilmittel zugleich. Beide enthalten Flavonoide, ätherische Öle und

Gerbstoffe, die Blüten außerdem Phytosterine, Schleimstoffe und Chlorogensäure – daher die harntreibende Wirkung. In den Beeren sind weiterhin Zucker, Fruchtsäuren, die Vitamine A, B1, B2, B6 und C, Folsäure und Eiweiß sowie Kalium, Kalzium, Phosphor und Selen enthalten.
In der Küche werden die intensiv duftenden Blütendolden frisch verwendet, vor allem als »Hollerküchel« – in Teig getaucht und in Öl ausgebacken – sind sie weithin bekannt. Auch die Zubereitung von Getränken mit dem ganz typischem Aroma ist äußerst beliebt: Holundersekt und -limonade schmecken äußerst erfrischend. Holunderblütensirup ist nicht nur mit Mineralwasser aufgegossen sehr lecker, sondern gibt auch Fruchtsalaten, Eis und Süßspeisen eine besondere Note. Und ob Holunderblütenlikör eher Genussmittel oder Medizin ist, darüber lässt sich bei einem Gläschen davon trefflich diskutieren.
Die Beeren dürfen nur voll ausgereift und gekocht verzehrt werden, denn so werden das schwach giftige Glykosid Sambunigrin und ein harziger Stoff in den Kernen, der Magenverstimmungen hervorrufen kann, unschädlich gemacht. Da sie leicht verderben, sollten Holunderbeeren möglichst schnell nach der Ernte verarbeitet werden. Nachdem man unreife oder faulige Früchte ausgezupft hat, streift man die Beeren mittels einer Gabel von den gewaschenen Dolden. Mit wenig Wasser, Zucker, Zitrone und Gewürzen kocht man daraus Saft oder Sirup als Vorrat für die kalte Jahreszeit. Oder lieber Fliederbeersuppe nach Großmutters Rezept oder Latwerge, das leckere, dicke Fruchtmus? Auch würzig-fruchtigen Soßen für Süßspeisen und zu Wildgerichten, Sorbets und Smoothies verleihen Holunderbeeren den Hauch des Besonderen. Puristisch oder kräftig gewürzt, in Kombination mit Joghurt, im Zusammenspiel mit Äpfeln oder gemischt mit anderen Wildfrüchten spielen sie ihre Stärken aus.

Heilwirkungen Besonders bei fiebrigen Infekten, Husten mit starker Schleimbildung und entzündeten Nebenhöhlen mobilisiert heißer Holunderblütentee die körpereigene Abwehr. Seine schweißfördernde und Sekrete lösende Wirkung hilft dabei, den Krankheitsverlauf zu verkürzen. Weil Holunderblüten den Stoffwechsel fördern und harntreibend wirken, werden sie in der Volksmedizin auch gegen Rheuma und Wasseransammlungen im Gewebe eingesetzt. Äußerlich angewendet verbessern Aufgüsse aus Holunderblüten das Hautbild. Mit Holunderblütenöl lindert man leichte Verbrennungen, Sonnenbrand und schwach entzündete Hautpartien.
Um sich einen Vorrat anzulegen, schneidet man die Blütenstände im Ganzen ab und trocknet sie kopfüber hängend auf gespannten Leinen. Den wertvollen Blütenstaub fängt man mit untergelegtem Papier oder Tüchern auf. Grobe Stängel werden nach dem Trocknen abgeschnitten und das Aroma der Blüten in dunklen Gefäßen bewahrt.
Die Beeren unterstützen vor allem die Immunabwehr gegen Erkältungskrankheiten und grippale Infekte, werden aber auch zur Linderung von rheumatischen und Nervenschmerzen eingesetzt. Sie wirken leicht abführend. Auch vorbeugend schmeckt ein wärmender Trank aus Holunderbeersirup, der mit Honig gesüßt und mit heißem Wasser aufgegossen wird.

Wissenswertes Für Kelten und Germanen waren Holunderbüsche heilig, denn sie glaubten fest daran, dass in deren hohlen Zweigen die guten Hausgeister wohnten und von dort aus die Bewohner, Tiere und Pflanzen des Anwesens beschützten. Deshalb fehlte auf keinem Gehöft ein Holunderstrauch. Der durfte weder beschnitten noch gefällt werden. Wenn das doch einmal unvermeidlich wurde, musste der Strauch in festen Ritualen um Verzeihung gebeten werden.
Zahlreiche magische Bräuche sind überliefert, in denen im Zusammenhang mit Holunderzweigen beispielsweise Krankheiten von Mensch und Tier geheilt werden sollten, aber auch Vorhersagen in Liebesdingen möglich wurden. Kein Wunder, dass besonders fromme Vertreter der Klostermedizin bezweifelten, dass Holunder als Heilpflanze zur Anwendung beim Menschen tauge. Andere Heilkundige des Mittelalters und der Neuzeit waren von theologischen Vorbehalten weniger beeindruckt und empfahlen den seit der Antike als Universalmedizin und »Apotheke der armen Leute« geschätzten Holunder. Seinerzeit wur-

den alle seine Pflanzenteile, auch die jungen Triebe, die Blätter und die Wurzeln zu Heilzwecken verwendet.
In Nordeuropa war es Brauch, Verstorbene auf Holunderzweige zu betten.
Der rot-violette Holundersaft wird zum Färben von Wolle, Stoffen und Ostereiern und als Farbstoff in der Lebensmittelindustrie verwendet.Holundermark dicnt als Halterung für Objekte, von denen Handschnitte zum Mikroskopieren angefertigt werden sollen.

HOLUNDERBEERSIRUP

ZUTATEN FÜR CA. 4 L:
2,5 KG HOLUNDERBEEREN | 400 G BRAUNER ROHRZUCKER | 400 ML HONIG | ½ FLÄSCHCHEN BITTERMANDELAROMA | 1 VANILLESCHOTE, AUSGEKRATZTES MARK | JE 1 TL GEMAHLENER STERNANIS, KORIANDER, KARDAMOM, ZIMT UND INGWER | ½ TL NELKENPULVER | JE 1 UNBEHANDELTE ORANGE UND ZITRONE, ABGERIEBENE SCHALE UND SAFT

1. Die vorbereiteten Holunderbeeren in einen ausreichend großen Topf geben und mit wenig Wasser eine halbe Stunde köcheln lassen. Anschließend durch ein Sieb rühren. Den Mix aus Schalen und Kernen nochmals mit 1 Liter Wasser auskochen und absieben.
2. Diesen Saft zu dem Holunderbrei geben, alles abmessen und auf 3 Liter auffüllen. Den Zucker, den Honig, das Bittermandelaroma und die Gewürze zufügen, die Zitrusschalen in einem Siebei hineinhängen und alles zusammen bei leichter Hitze unter gelegentlichem Rühren köcheln und durchziehen lassen, bis sich der Zucker und der Honig völlig aufgelöst haben. Mit Zitronen- und Orangensaft abschmecken.
3. Die Zitrusschalen herausnehmen und den Sirup noch heiß in vorbereitete Flaschen abfüllen und gut verschließen. Eventuell einen Teil für Likör verwenden.

HOLUNDERLIKÖR

2 L HOLUNDERSIRUP VOM VORHERIGEN REZEPT | 0,7 L RUM, 54 VOL-%

Den Sirup mit dem Rum gut vermischen, in vorbereitete Flaschen abfüllen und mindestens bis zur Weihnachtszeit weiter reifen lassen. Im Keller hält sich der Likör jahrelang und wird mit der Zeit immer besser.

HOLUNDERGRIESSNOCKEN
AUF FLIEDERBEERMUS

ZUTATEN FÜR 4 PORTIONEN:
50 G AUSGEZUPFTE HOLUNDERBLÜTEN (VON CA. 10–15 DOLDEN) | 1 GROSSZÜGIGE PRISE SALZ | 40 G ZUCKER | 1 L MILCH | 1 EL BUTTER | 1 UNBEHANDELTE ZITRONE | 125 G WEICHWEIZENGRIESS | 2 EIER, GETRENNT | ½ L HOLUNDERBEERSIRUP | 4 MITTELGROSSE ÄPFEL | ZITRONENMELISSEBLÄTTCHEN

1. Die Holunderblüten zusammen mit dem Salz und dem Zucker in der Milch aufkochen, anschließend mit dem Pürierstab zerkleinern und mindestens eine Stunde ziehen lassen. Die Zitronenschale abreiben.
2. Die Holundermilch durch ein Sieb gießen, zusammen mit der Butter und der Zitronenschale zum Kochen bringen, den Grieß einrühren, nochmals aufkochen lassen und die Platte ausschalten. Die Eigelbe verquirlen und unter den Grießbrei rühren, das Eiweiß zu festem Schnee schlagen und vorsichtig unterheben.
3. Reichlich Salzwasser zum Kochen bringen. Mit einem Löffel Nocken vom Grieß abstechen oder mit angefeuchteten Händen kleine Klöße formen und im leicht kochenden Salzwasser gar ziehen lassen.
4. Den Holundersirup mit dem Saft einer halben Zitrone aufkochen. Die Äpfel schälen, achteln, vom Kerngehäuse befreien und in der Holundersoße bis zur gewünschten Bissfestigkeit weichkochen.
5. Die Grießnocken auf dem Holundermus anrichten und mit Zitronenmelisse servieren.

Tipps: Mit etwas gebräunter Butter beträufelt schmecken die Grießnocken besonders lecker.
Die Milch für die Grießnocken kann auch mit Holunderblütensirup aromatisiert werden.
Man kann dieses Gericht auch mit Holundersaft zubereiten. Der wird aber nicht so sämig und muss zusätzlich angedickt werden. Außerdem drohen hartnäckige Flecken, falls jemand kleckert.

HOLUNDER-LATWERGE

ZUTATEN FÜR 400 ML:
1 KG HOLUNDERBEEREN | 200 G GELIERZUCKER 3:1 | 1 MSP. MUSKAT | 1 MSP. GEMAHLENE NELKEN | 2–3 EL ZITRONENSAFT | 2 PK. VANILLEZUCKER

1. Die vorbereiteten Holunderbeeren werden mit wenig Wasser auf kleiner Flamme zum Platzen gebracht und anschließend durch die Flotte Lotte gedreht. Für ganz feines Latwerge und ohne Fruchtverlust zweimal: zuerst mit einem Siebeinsatz mit Raspel und anschließend mit ganz feinem Sieb.
2. Dieses Mus kocht man zusammen mit allen anderen Zutaten unter ständigem Rühren so lange, bis es sehr zäh geworden ist, und füllt es heiß in vorbereitete Schraubgläser.

Als Latwerge bezeichnet man traditionell sehr stark eingekochtes Fruchtmus, das als Brotaufstrich, zu Eierpfannkuchen und für Desserts benutzt wird. Früher bezeichnete der Begriff eine Arznei, die man als steifes Mus im Munde zergehen lassen kann.

Kornelkirsche

CORNUS MAS

SYNONYME:	HERLITZE, GELBER HARTRIEGEL, DÜRLITZE, DIRNDL, HIRLNUSS, TIERLIBAUM, SCHERBET, KRAKEBEERE, KORLESBEERE, WELSCHE KIRSCHE, BEINHOLZ
FAMILIE:	HARTRIEGELGEWÄCHSE
WUCHSHÖHE:	4–8 M
BLÜTE:	JANUAR BIS APRIL
FRUCHTREIFE/SAMMELZEIT:	AB ENDE AUGUST
VORKOMMEN:	AN SONNIGEN HÄNGEN, WALDRÄNDERN UND HECKEN, IN AUWÄLDERN AUSSERHALB DER ÜBERSCHWEMMUNGSGEBIETE, IN GÄRTEN UND PARKANLAGEN

Aussehen und Anbau Weithin leuchten im August die glänzend roten Früchte der Kornelkirschen, bevor sie bis Ende des Monats tief dunkelrot ausreifen und im dichten Blattwerk oft nur schwer zu finden sind. Noch viel deutlicher machen die Sträucher auf sich aufmerksam, wenn sie in trist grauer Landschaft – eingetaucht in ein goldgelbes Blütenmeer – als erste vom nahenden Frühling künden. An den noch kahlen Ästen wachsen die leicht nach Honig duftenden, vierzähligen Blüten in kugeligen Dolden, die mit gelblichen Tragblättern umgeben sind. Die Blütenknospen waren bereits im Sommer des Vorjahres deutlich erkennbar. Auf ihrer Oberseite sind die etwas später erscheinenden, spitz ovalen Blätter glänzend und wie die stumpfe Unterseite leicht behaart. Die als Großsträucher oder Baum wachsenden Kornelkirschen können über 100 Jahre alt werden und eignen sich gleichermaßen als Solitärgehölz oder Heckenpflanze. Sie vertragen sogar radikalen Formschnitt. Die als Vogelschutz- und Nährgehölz sehr wertvollen Pflanzen bevorzugen humosen, kalkhaltigen Lehmboden in sonnigen Lagen und überstehen auch längere Trockenphasen. Von Schädlingen und Krankheiten werden sie nicht bedroht und lassen bei ausreichender Wärme bis zu 40 Kilogramm der knapp zwei Zentimeter langen, ovalen Steinfrüchte nach und nach heranreifen. An Sträuchern wachsende Kornelkirschen erntet man, indem man sie in die untergehaltene Hand gleiten lässt. Voll ausgereift fallen sie von allein herab und können dann auch aufgesammelt oder durch untergespannte Netze und Tücher – wie bei der Olivenernte – aufgefangen werden. Die Vermehrung der Wildformen gelingt mit im Sommer geschnittenen, halbverholzten Stecklingen oder durch Absenken niedrig wachsender Zweige recht gut. Aus Samen gezogene Jungpflanzen blühen erst in einem Alter von etwa sieben Jahren. Im Handel werden auch etliche Sorten mit deutlich größeren Früchten angeboten.

Verwendung in der Küche Die herb aromatischen Kornelkirschen sind äußerst vielseitig verwendbar und bilden die Grundlage variationsreicher Leckereien in mannigfaltigen Geschmacksrichtungen und Zubereitungsarten. Sie lassen sich für süßes Gebäck, her-

vorragende Fruchtaufstriche, erfrischende Säfte und raffinierte Liköre ebenso verwenden wie für herzhafte Suppen, süßsaure Chutneys und feinwürzige Essigzubereitungen. In der Sonne oder bei 45–80 °C im Backofen getrocknet und kandiert, sind sie sehr lange haltbar und verlieren dabei kaum an Qualität. Roh sind die wertvollen Vitamin C-Spender nur fast überreif zum Naschen zu empfehlen. Neben einem hohen Anteil an Fruchtsäuren enthalten sie Pektin, Gerbstoffe sowie Duft- und Farbstoffe.
Die Verarbeitung ist wegen der Steine recht aufwändig. Doch mit etwas Übung kommt man zumindest bei noch halbfesten Früchten mit einem Hand-Kirschentsteiner schneller voran als mit dem Messer.
Die Kerne kann man zur Füllung von Kirschkernkissen verwenden, die beim Erwärmen einen angenehm würzigen Duft verströmen. Dafür weicht man die Kerne in Wasser ein, kocht das Ganze kurz auf und rubbelt die Kerne in einem Sieb, bis sich das verbliebene Fruchtfleisch abgelöst hat. Anschließend werden sie nochmals abgespült und in der Sonne getrocknet.
Bei trockenem Wetter geerntete Kornelkirschen lassen sich bis zu zehn Tage lagern und reifen dann noch gut nach. Wenn sie erst später verarbeitet werden können, lassen sie sich auch gut einfrieren.

Heilwirkungen Seit Jahrhunderten werden Kornelkirschen in der Naturheilkunde gegen Durchfall und entzündliche Magenerkrankungen empfohlen. Die enthaltenen Anthocyane üben als sogenannte Radikalenfänger wichtige Schutz- und Reparaturfunktionen auf Blutgefäße und Schleimhäute aus. Getrockneten Früchten wird auch eine blutdruck- und fiebersenkende Wirkung nachgesagt. Früher wurden auch Auszüge aus dem Holz, der Rinde und den Blättern als Heilmittel gegen vielerlei Gebrechen verwendet. Sie sollten beispielsweise Krebs heilen, blutende Wunden stillen und Gicht vertreiben. Die Kornelkirschen wurden auch als Mittel gegen die bis zum Ende des 19. Jahrhunderts häufig in Epidemien auftretende Rote Ruhr eingesetzt, weshalb sie auch »Ruhrbeeren« genannt wurden.

Wissenswertes Das elastische Holz der Kornelkirsche ist das härteste in ganz Europa und so schwer, dass es im Wasser sinkt. Als Material für Lanzen und Speere spielte es im Altertum eine wichtige Rolle in kriegerischen Auseinandersetzungen. Zahlreiche überlieferte Sagen und Mythen erzählen davon.
Über Jahrhunderte war es zur Herstellung von Werkzeugen, Radspeichen, für Zahnräder in Mühlwerken und mathematische Instrumente gefragt. Noch heute wird das dunkle Holz für stabile Werkzeugstiele, zum Drechseln und für kunstvolle Einlegearbeiten genutzt.
Zur Zeit der Burschenschaftsbewegung wurde es unter den Studenten Mode, einen Ziegenhainer zu tragen. Dieser Stock – der auf den seit dem Mittelalter von Reisenden als Abschreckungsmittel getragenen Stab zurückgeht – diente den Sekundanten als Hilfsmittel zum Einschreiten bei Regelverstößen der häufig stattfindenden Duelle. Zeitweise errang er sogar die Bedeutung eines Statussymbols und wurde regelrecht zur Schau getragen. Besonders begehrt war der gedrehte Ziegenhainer, der durch eine Schlingpflanze entstand, die den Ast überwucherte, aus dem der Stock gearbeitet war. Von Jena ausgehend verbreiteten Studenten diese Mode und verhalfen mit der großen Nachfrage nach den Stöcken etlichen Familien des kleinen Örtchens Ziegenhain, das in einem idyllischen Seitental der Saale liegt, zu einer einträglichen Lebensgrundlage.
Die unter klimatisch günstigen Verhältnissen oft massenhaft verbreiteten Kornelkirschen wurden nicht nur als Nahrungs- und Heilmittel genutzt, sie dienten auch als Fischköder, Schweinefutter und als rotes Färbemittel für Kleidung. Die Borke wurde ebenfalls zum Färben und zum Gerben gebraucht und aus den Samen wurden billige Rosenkränze hergestellt. Geröstet dienten sie als Kaffeeersatz und sollen auch dem Wiener Kaffee das feine Vanillearoma verleihen.
Aus Baden wird von einem Brauch berichtet, nach dem am Fastensonntag die Mädchen mit einem Blütenzweig der Kornelkirschen, der in Teig getaucht und in heißem Fett ausgebacken wurde, ihren Burschen begrüßten.
Kornelkirschen bilden mit ihrer frühen Blüte die Nahrungsgrundlage für viele Bienenarten und andere Insek-

ten; die schönen roten Früchte werden von vielen Vögeln und Kleinsäugetieren gerne gefressen. Sie besitzen deshalb auch ökologisch so hohen Stellenwert, dass sie wieder verstärkt in Gärten und Grünanlagen angepflanzt werden sollten.

KANDIERTE KORNELKIRSCHEN

ZUTATEN FÜR 500 G:
500 G KORNELKIRSCHEN | 300 G ZUCKER | ¼ L WASSER | PUDERZUCKER

1. Die Kornelkirschen entsteinen, mit 150 Gramm Zucker vermischen, 1/4 Liter Wasser zugießen und die Früchte darin aufkochen lassen. Alles abkühlen und über Nacht durchziehen lassen.
2. Am nächsten Tag die Früchte abtropfen lassen. Den abgetropften Saft mit 100 Gramm Zucker aufkochen und heiß über die Früchte gießen. Diese Prozedur wiederholen, bis der Zucker verbraucht ist.
3. Nun lässt man die Früchte einige Tage in der Zuckerlösung stehen, dann wird noch einmal alles erwärmt. Anschließend lässt man die Früchte gut abtropfen und trocknet sie an einem warmen Ort.
4. Nun werden die Kornelkirschen in Puderzucker gewälzt und können in gut verschließbaren Gläsern aufbewahrt werden.

Tipp: Süßmäuler können die Kornelkirschen anstatt mit Puderzucker auch mit Schokolade überziehen. Das geht ganz einfach, wenn man die kandierten Früchte auf Holzspieße steckt, in flüssige Schokolade taucht und diese anschließend fest werden lässt.

FALSCHE OLIVEN
IN DREI VARIANTEN

KORNELKIRSCHEN IN WÜRZIGER ESSIGMARINADE

ZUTATEN FÜR 2 GLÄSER À 720 ML:
300 G FAST REIFE KORNELKIRSCHEN MIT NOCH FESTEM FRUCHTFLEISCH | 2 MITTELGROSSE ZWIEBELN, IN RINGE GESCHNITTEN | 4 ZWEIGE THYMIAN | 50 G KAPERN UND ETWAS VON DEM KAPERNESSIG | 4 LORBEERBLÄTTER | 1 TL SALZ | 1 TL SCHWARZER PFEFFER | 200 ML ROTWEINESSIG | 100 ML OLIVENÖL

Alle Zutaten vorsichtig miteinander vermischen, in Schraubgläser füllen und im Kühlschrank etwa eine Woche durchziehen lassen.

MARINIERTE KORNELKIRSCHEN MIT PAPRIKA

ZUTATEN FÜR CA. 8–10 PORTIONEN:
2 MITTELSCHARFE CHILISCHOTEN, ENTKERNT UND FEIN GESCHNITTEN | 1 ROTE PAPRIKASCHOTE, IN KLEINE STÜCKE GESCHNITTEN | 4 KNOBLAUCHZEHEN, KLEIN GEHACKT | ½ BUND KORIANDERGRÜN, KLEIN GEWIEGT | 1 TL BRAUNER ROHRZUCKER | 1 TL SALZ | 500 G FAST REIFE, ENTSTEINTE KORNELKIRSCHEN

Alle Zutaten bis auf die Kornelkirschen im Mixer pürieren, mit den Kornelkirschen vermengen und einige Tage im Kühlschrank durchziehen lassen.

Tipp: Diese Zubereitungsart eignet sich besonders als Beilage für gebratene Entenbrust und aus der asiatischen Küche inspirierte Fleisch- und Fischgerichte.

MARINIERTE KORNELKIRSCHEN MEDITERRAN

ZUTATEN FÜR 400 ML:
1 CHILISCHOTE | 8 GETROCKNETE TOMATENHÄLFTEN | 5 KNOBLAUCHZEHEN | JE 1 GROSSER ZWEIG THYMIAN UND OREGANO | 4 SALBEIBLÄTTER | 1 DOLDE (HALBREIFE) FENCHELKÖRNER | 150 ML OLIVENÖL | 1 TL SALZ | PFEFFER | ½ UNBEHANDELTE ORANGE (SCHALE UND SAFT) | 500 G ENTSTEINTE KORNELKIRSCHEN

Das Gemüse und die Kräuter fein wiegen und pürieren. Anschließend mit den übrigen Zutaten gut vermischen, abschmecken und mindestens über Nacht durchziehen lassen. Eventuell mit einer Gabel zerdrücken und als Aufstrich in Gläser abfüllen.

Tipp: Diese Zubereitungsart eignet sich besonders als Beilage für gegrilltes Fleisch, aber auch als Aufstrich für Sandwiches mit geräucherter Geflügelbrust oder Fisch.

KORNELKIRSCHENMUS MIT ROTWEIN UND ORANGEN

ZUTATEN FÜR 3 GLÄSER À 200 ML:
1 KG VOLL AUSGEREIFTE KORNELKIRSCHEN | 400 ML ROTWEIN | 200 G GELIERZUCKER 1:3 | 2 ORANGEN (SAFT) | 9 CL ORANGENLIKÖR

1. Die Kornelkirschen entkernen. Die Kerne aufheben!
2. Den Rotwein mit dem Gelierzucker köchelnd eindicken.
3. Die Kirschen mit dem Rotweinsirup übergießen, langsam erhitzen, bis sie fast kochen, den Herd abschalten und alles etwa eine halbe Stunde durchziehen lassen.
4. Die Kirschen abgießen. Die aufgefangene Flüssigkeit über die Kerne gießen, den Orangensaft zufügen und alles eine halbe Stunde köcheln lassen. Anschließend alles in ein Sieb schütten und den Rotwein-Orangensirup auffangen. Die Kerne für den nebenstehenden Likör aufheben.
5. Inzwischen die Kornelkirschen durch die Moulinette rühren, die zurückbleibenden Schalen für den Likör aufheben.
6. Die vorbereiteten Gläser mit je 1 cl Orangenlikör ausschwenken. Das Fruchtmus auf die Gläser verteilen, mit dem Rotwein-Orangensirup auffüllen und mit je 2 cl Orangenlikör abdecken.

KORNELKIRSCHENLIKÖR

ZUTATEN FÜR CA. 500 ML:
KORNELKIRSCHENSCHALEN UND KERNE VOM VORHERIGEN REZEPT | 200 ML ROTWEIN | 50 G ZUCKER | ½ VANILLESCHOTE, AUFGESCHLITZT | 1 ZIMTSTANGE | 1 GEWÜRZNELKE | 1 KARDAMOMKAPSEL | 200 ML DOPPELKORN

1. Die Schalen in ein großes Schraubglas füllen.
2. Die Kerne in einer Pfanne unter Rühren leicht rösten und zu den Schalen geben.
3. Den »Bratensatz« mit dem Rotwein loskochen und ebenfalls in das Glas füllen.
4. Mit allen übrigen Zutaten auffüllen, verschließen und an einem warmen Ort gut durchziehen lassen. Hin und wieder umschütteln und nach etwa 4 Monaten in Flaschen abfiltern.

Tipps: Der Likör kann schon jetzt probiert werden. Er gewinnt aber bei weiterer Reife zunehmend an Aroma. Sowohl das Mus als auch der Likör schmecken hervorragend, wenn man anstelle des Rotweins Holundersaft verwendet.

FLORENTINER MIT **KORNELKIRSCHEN**

ZUTATEN FÜR CA. 40 STÜCK:
150 G GETROCKNETE ODER KANDIERTE KORNELKIRSCHEN | 100 G GERÖSTETE PINIENKERNE | 100 G BUTTER | 1 PRISE SALZ | 100 G ZUCKER | 1 EL VANILLEZUCKER | 50 ML AHORNSIRUP ODER WALDHONIG | 50 ML SCHLAGSAHNE | 50 G KOKOSRASPELN

1. Den Backofen auf 170 °C vorheizen und die Backbleche mit Backpapier oder Backfolie auslegen.
2. Die Kornelkirschen und die Pinienkerne klein wiegen. Die Butter mit dem Salz, dem Zucker und Vanillezucker, dem Ahornsirup und der Schlagsahne in einen Topf geben und unter ständigem Rühren zum Kochen bringen. Bei starker Hitzezufuhr so lange weiterkochen, bis sich die Masse leicht braun färbt.
3. Die Kornelkirschen, die Pinienkerne und die Kokosraspeln zufügen und alles gründlich vermischen. Mit Hilfe von 2 Teelöffeln kleine Häufchen auf die Bleche setzen und flach drücken. Auf der mittleren Einschubleiste etwa 8 Minuten backen, herausnehmen und auf dem Blech auskühlen lassen.

Maulbeere

MORBUS NIGRA, MORBUS ALBA

SYNONYME:	–
FAMILIE:	MAULBEERGEWÄCHSE
WUCHSHÖHE:	6–15 M
BLÜTE:	MAI
FRUCHTREIFE/SAMMELZEIT:	WEISSE MAULBEERE JUNI BIS JULI, SCHWARZE BIS SEPTEMBER
VORKOMMEN:	IN MILDEN LAGEN DER WEINBAUGEBIETE VERWILDERT IN WÄLDERN UND ALS STRASSENBAUM, IN GÄRTEN UND HOHEN HECKEN

Aussehen und Anbau Hierzulande sind die aus Asien stammenden Maulbeeren relativ unbekannt, doch wurden sie schon während der Römerzeit in den Weinbaugebieten Europas verbreitet. Mit ihren dichten, breit ausladenden und gewölbten Baumkronen sollten sie Straßen und Plätze beschatten und als Futterpflanze der Seidenraupen von Importen der teuren Seiden aus Asien unabhängig machen. Im 18. Jahrhundert experimentierte Friedrich der Große mit der Seidenraupenzucht und ließ verstärkt Maulbeerbäume anpflanzen. Noch heute findet man bei uns einige alte Exemplare, z.B. in Alleen, in historischen Gartenanlagen und auf Friedhöfen.

Die Stämme der Milchsaft führenden Bäume oder Großsträucher werden von einer grau-braun bis dunkelorangefarbenen, schuppigen Rinde umhüllt. Die Form der wechselständigen, grob gesägten, bis zu 20 Zentimeter langen Blätter variiert von breit herzförmig ungeteilt bis dreilappig. Wie auch die Stiele sind die Blätter behaart, auf der dunkleren Oberseite rau, auf der helleren Unterseite etwas weicher. Die vierzähligen, grünlichen Blüten sind getrennt geschlechtig und stehen in gestielten Kätzchen zusammen. Die weiblichen Blüten vereinigen sich durch den fleischig werdenden Kelch zu einer Sammelfrucht mit je einer kleinen Schließfrucht, die an Brombeeren erinnert.

Die süßen und saftigen Früchte sind eiförmig bis kugelig. Ihre Färbungen reichen von Weiß über Rot bis Dunkelviolett-Schwarz, wobei das erstaunlicherweise nichts mit der Bezeichnung der Art zu tun hat. Es gibt auch Weiße Maulbeeren, an denen rötliche bis schwarze Früchte wachsen. Ihr Name ist auf die weißlichen Knospen zurückzuführen. Maulbeeren reifen über mehrere Wochen und müssen daher nach und nach geerntet werden, am besten durch Schütteln der Bäume. Dann kann man die Früchte mühelos aufsammeln. Untergelegte Tücher oder Folien sind dabei hilfreich. Da die herabfallenden Früchte sehr stark färben, sollte man dafür Handschuhe und alte Kleider tragen und fruchtende Maulbeeren am besten in Rasen- oder Beetflächen pflanzen.

Die Früchte der Schwarzen Maulbeere schmecken aromatischer. Die Bäume sind aber weniger frosthart als die Weißen Maulbeeren. Von beiden Arten gibt es verschiedene Sorten, die sich in ihrer Größe und Form unterschei-

den, aber alle vollsonnige Standorte mit kalkhaltigem, durchlässigem Boden bevorzugen. Mit deutlichem Rückschnitt lassen sich die Kronen in die gewünschte Form bringen. In den ersten Jahren ist es ratsam, den jungen Bäumen einen Winterschutz zu geben.

Verwendung in der Küche Die leider sehr leicht verderblichen Früchte schmecken mit ihrem angenehm süß-sauren, an Brombeeren und Holunder erinnernden Aroma nicht nur köstlich, sondern liefern auch wertvolle Mineralstoffe. Besonders reichlich sind Kalium, Kalzium und Magnesium, Vitamine der B-Gruppe sowie Fruchtsäuren und Pektin enthalten.

Die frischen Früchte werden roh gegessen oder zu Saft, Sirup, Konfitüre, Kompott und Gelee verarbeitet. Gerne werden sie auch als saftiger Kuchenbelag und als Zugabe zu Milchspeisen verwendet. Mit Läuterzucker und anderen Zutaten lässt sich köstlich süßer Maulbeeressig herstellen. Aus getrockneten Blättern kocht man Tee.

Wachsender Beliebtheit erfreuen sich getrocknete Maulbeeren, deren Geschmack an Rosinen erinnert, die Gerichte aber nicht dominiert. Sie sind relativ fest und sandfarben, da sie beim Trocknen die Farbe verlieren. Man findet sie im Biohandel und in orientalischen Lebensmittelläden und süßt damit würzige Gemüse-, Fleisch- und Fischgerichte, streut sie aufs Müsli, bäckt damit saftiges Früchtebrot oder knabbert sie einfach so. Eine Delikatesse ist Maulbeerkonfekt, für das man die getrockneten Früchte mit gehackten Walnüssen und eingedicktem Maulbeer- oder Zuckerrübensirup verknetet, die Masse in Stücke schneidet und anschließend in gehackten Pistazien wälzt.

Heilwirkungen Saft, Sirup und Tee aus Maulbeerfrüchten schaffen Abhilfe bei Heiserkeit und Entzündungen im Hals- und Rachenraum. In der Volksheilkunde soll Maulbeerkompott auch bei Verdauungsstörungen und Fieber heilsame Kräfte entfalten.

»Pekmez« – so nennt man im Orient den eingedickten Saft von Maulbeeren – wird dort kränkelnden Kindern und geschwächten Senioren zur Stärkung gegeben. Die Kombination von Süße und angenehmer Schärfe tut wohl und wird gerne angenommen.

In der traditionellen chinesischen Medizin werden Präparate aus Maulbeersaft zur Verhütung von Nervosität und bei Schlafstörungen verordnet. Außerdem sollen sie Herz und Nieren stärken und die Entstehung aktiver Säfte fördern.

Wissenswertes Die Wohlstand verheißenden Maulbeerbäume zählen zu den ältesten Kulturpflanzen der Menschheit. Von den Griechen wurden sie als Nahrung der Götter verehrt. Die Römer betrachteten Schwarze Maulbeerbäume als Sitz der Weisheit, da sie erst dann ihre Knospen entfalten, wenn keine Fröste mehr drohen.

In Ovids Metamorphosen wird erzählt, dass sich die ehemals weißen Maulbeeren rot färbten, seit das Blut Pyramus' die Wurzeln des Baumes tränkte, unter dem er sich mit seiner Geliebten Thisbe treffen wollte. Gemeinsam wollte das heimliche Liebespaar Babylon den Rücken kehren. Als Pyramus am Treffpunkt ankam, fand er den blutigen Schleier von Thisbe, die diesen auf der Flucht vor einer Löwin verloren hatte, glaubte, Thisbe sei tot, und stürzte sich unter dem Maulbeerbaum in sein eigenes Schwert.

Der Maulbeerbaum gehört zu den 16 verschiedenen Obstbäumen, die im »Capitulare de villis« neben Nutzpflanzen und Heilkräutern aufgezählt werden. Diese Landgüterverordnung Karls des Großen beschreibt, was in allen königlichen Gütern von den Verwaltern angepflanzt werden sollte.

Auf die Form der Maulbeere wird in der medizinischen Fachsprache Bezug genommen. Als Maulbeerkeim wird der kugelige Zellhaufen bezeichnet, den die befruchtete Eizelle nach etwa vier Tagen erreicht. Auch das Aussehen von Gallensteinen wird mit Maulbeeren verglichen.

Für die Herstellung von Japanpapier werden unter anderem die als »Kozu« bekannten Maulbeerholzfasern genutzt. Die im Vergleich zum Flächengewicht verhältnismäßig leichten und dennoch gleichermaßen geschmeidigen und festen Bögen werden in der Kunst für hochwertige Drucke und Kalligraphien verwendet.

Das edle, gelbliche bis kaffeebraune Holz der Maulbeerbäume ist besonders strapazierfähig und wird heute für den Bau hochwertiger Möbel und Fußböden und für den Bootsbau wiederentdeckt. In Persien und Teilen Afghanistans fertigt man daraus seit Jahrtausenden Musikinstrumente, im Mittelmeergebiet Schnaps- und Weinfässer und in England Hockeyschläger. Aus dem gemaserten Wurzelholz lassen sich wertvolle Intarsien schneiden.

SCHICHTJOGHURT MIT **MAULBEEREN**

ZUTATEN FÜR 4 KLEINE DESSERTS:
250 G MAULBEEREN | 2 EL VANILLEZUCKER | ½ ZITRONE (SAFT UND ABGERIEBENE SCHALE) | 100 G AMARETTIKEKSE (ITALIENISCHES MANDELGEBÄCK) | 2 EL AMARETTO ODER ARMAGNAC | 400 G GRIECHISCHER JOGHURT (AUS SCHAFSMILCH) | ½ ORANGE (SAFT UND ABGERIEBENE SCHALE) | 1 EL ZUCKER | EVTL. BLÄTTER UND BLÜTEN VON GEWÜRZTAGETES ZUR VERZIERUNG

1. Die Maulbeeren verlesen und einige zur Dekoration beiseitelegen. Alle anderen mit je 1 EL Vanillezucker und Zitronensaft mischen.
2. Die Amaretti mit dem Likör übergießen und etwas durchziehen lassen.
3. Den Joghurt mit dem restlichen Saft und den Schalen der Zitrusfrüchte, dem restlichen Vanillezucker und dem Zucker verrühren.
4. Die Amaretti mit einer Gabel zerdrücken oder pürieren. Schichtweise mit dem Joghurt und den Maulbeeren in Gläser füllen. Mit den beiseitegelegten Maulbeeren sowie den Blättchen und Blüten der Gewürztagetes garnieren.

TAJINE MIT HÜHNCHEN UND **MAULBEEREN**

ZUTATEN FÜR 4 PORTIONEN:
4 EL OLIVENÖL | 800 G HÜHNERBRUSTFILET, IN FINGERDICKE STREIFEN GESCHNITTEN | SALZ | PFEFFER | 200 G SCHALOTTEN, IN SPALTEN GESCHNITTEN | 4 MÖHREN, HALBIERT UND LÄNGS GEVIERTELT | 2 STANGEN STAUDENSELLERIE, IN STREIFEN GESCHNITTEN | 2 ZUCCHINI, IN SCHEIBEN GESCHNITTEN | 50 G SCHWARZE OLIVEN, ENTSTEINT UND HALBIERT | 150 G GETROCKNETE MAULBEEREN | 200 G KARTOFFELN, LÄNGS IN SPALTEN GESCHNITTEN | 1 LORBEERBLATT | 1 EL KAPERN UND 1–2 EL KAPERNESSIG | 300 ML WEISSWEIN | 250 ML KRÄFTIGE HÜHNERBRÜHE | NACH BELIEBEN REICHLICH ZITRONENSAFT ODER FRUCHTIGER BALSAMICO

1. 1 EL Öl in einem Schmortopf erhitzen und das Fleisch darin goldbraun anbraten. Mit Salz und Pfeffer würzen und warm stellen.
2. In einer Pfanne einen weiteren EL Öl erhitzen und die Schalotten darin glasig dünsten. Die Möhren, den Sellerie und die Zucchini nach und nach zufügen und mitanbraten. Bei Bedarf noch etwas Öl zugeben. Ebenso die Oliven und die Maulbeeren kurz mitanbraten und alles zum Fleisch geben.
3. Die Kartoffeln im restlichen Öl halb gar anbraten und ebenfalls zum Fleisch geben. Das Lorbeerblatt, die Kapern und den Kapernessig zufügen, den Wein und die Brühe angießen, alles umrühren und abgedeckt auf niedriger Flamme oder im auf 160 °C vorgeheizten Backofen in 15–20 Minuten fertig schmoren.
4. Das Gericht mit Zitronensaft oder Balsamico abschmecken und heiß servieren.

Quitte

CYDONIA OBLONGA

SYNONYME:	BAUMWOLLAPFEL, KÖTTENBAUM, SCHMECKBIRNE, KRETISCHER APFEL, KYDONISCHER APFEL, VENUS- ODER ADONISAPFEL, SCHABAPFEL
FAMILIE:	ROSENGEWÄCHSE
WUCHSHÖHE:	1,5–6 M, SELTENER BIS ZU 8 M
BLÜTE:	ENDE APRIL BIS JUNI
FRUCHTREIFE/SAMMELZEIT:	ENDE SEPTEMBER BIS ANFANG NOVEMBER
VORKOMMEN:	AUF STREUOBSTWIESEN IN WEINBAUGEBIETEN, IN GÄRTEN SELBST FRUCHTBAR

Aussehen und Anbau Die lieblich duftenden, leuchtend gelben Früchte des Quittenbaums präsentieren sich in einem Kleid aus wolligem Flaum. Auch die violette Rinde junger Zweige, die jungen Triebe und die Unterseiten der großen ovalen Blätter sind von feinen Härchen überzogen und fühlen sich wunderbar weich an. Die fünf Blütenblätter der bis zu sieben Zentimeter großen, weißen bis zartrosafarbenen, von dunkleren Adern durchzogenen Blüten stehen einzeln und wölben sich leicht nach oben. Wildformen wachsen eher strauchartig und tragen Früchte von drei bis fünf Zentimetern Durchmesser. Aber auch die Kulturformen mit deutlich größeren Früchten wurden über tausende Jahre nur wenig züchterisch verändert, so dass sie ihren Wildobstcharakter bewahrt haben. Als Halbstamm und auch als Spalier gezogen eignen sie sich auch für kleinere Gärten. Nach der Form der Früchte unterscheidet man Apfelquitten und Birnenquitten. Da Birnenquitten weniger Steinzellen haben, sind sie weicher und saftiger als Apfelquitten, die wiederum allgemein als aromatischer gelten. Nur bei kultivierten Quittensorten, die wurzelecht sind, ist die Vermehrung durch Ableger oder Stecklinge erfolgversprechend. Quitten lieben Sonne und Wärme und sollten an einen geschützten Platz gepflanzt werden. Allgemein sind Quitten für Krankheiten und Schädlinge wenig anfällig und stellen keine besonderen Ansprüche an den Boden. Er sollte jedoch vor der Pflanzung gut gelockert und mit gut verrottetem Stallmist oder Kompost versetzt werden.

Verwendung in der Küche Die attraktiven Früchte verstecken ihre kulinarischen Werte unter einer zähen Schale. Das säuerlich herbe Fruchtfleisch, das durch holzige Strukturen seine Feuchtigkeit bewahrt, ist roh auch bei voller Reife nicht sehr verlockend. Gekocht, gebacken und gesüßt entfaltet es jedoch sein typisches Aroma in Konfitüren und Gelees, in Säften und Kompott, Likör und Gebranntem.
Quittenbrot stellte über Jahrhunderte eine Leckerei dar, die nur an fürstlichen Tafeln gereicht wurde. Berühmtester Vertreter der Quittengelees ist »Le Cotignac d'Orléans«, das zu den 13 traditionellen französischen Weihnachtsdesserts gehört. Die spanische Variante nennt

sich »Membrillo« und wird in Scheiben geschnitten mit Schafskäse serviert.
Mit Ingwer und Kardamom, Piment, Nelken oder grünem Pfeffer orientalisch gewürzt, werden Quitten aber auch zum genialen Begleiter für Fleischgerichte. Mit insgesamt ca. 440 Milligramm Mineralstoffen in 100 Gramm geschältem und entkerntem Fruchtfleisch, vielen sekundären Pflanzenstoffen und neben anderen Vitaminen bis zu 30 Milligramm Vitamin C haben Quitten einen hohen ernährungsphysiologischen Wert. Früchte, die gelagert werden sollen, erntet man am besten, wenn sich die grüne Grundfarbe in kräftiges Gelb verwandelt. Vorsichtig, ohne Druck und kühl gelagert, bleiben sie dann zehn Wochen und länger frisch. Auch die Zierquitten sind essbar!

Heilwirkungen Die heilenden Kräfte der Quitte, die seit der Antike immer wieder zur Behandlung von verschiedensten Krankheiten empfohlen wurden, sind heute nur wenig bekannt. Sie sind u.a. auf Inhaltsstoffe wie Amygdalin, Emulsin, Gerbstoffe und fettes Öl zurückzuführen. Vor allem die reizlindernde Wirkung der Schleimstoffe in den Samen wurde bei der Behandlung von Husten, Magen- und Darmkatarrhen sowie äußerlichen und innerlichen Entzündungen genutzt. Auf Pektin und Ballaststoffe ist die leicht abführende und darmreinigende Wirkung zurückzuführen; auf den hohen Kaliumgehalt die Regulierung der Reizübertragung in den Nervenzellen und die entwässernde Wirkung. Heute werden die beruhigenden und schützenden Eigenschaften zur Hautpflege in Naturkosmetikprodukten genutzt.

Wissenswertes Das griechische Wort »malum« (Apfel) wurde ursprünglich für verschiedene Obstarten verwendet, so dass man die bekannten antiken Bedeutungen auch auf Quitten beziehen kann.
Sie dienten als Attribut für Aphrodite und Venus und gelten seitdem als Symbol für Liebe und Glück, Fruchtbarkeit und langes Leben. Viele mit Quitten verbundene Hochzeitsbräuche sind überliefert und auch heute schmücken Quittenblüten die eine oder andere Hochzeitstafel. In der Malerei und in der Lyrik stehen Quitten als Metapher für Tränen, Wangen und weibliche Geschlechtsmerkmale.
Die attraktiven Früchte eignen sich als duftende Dekoration.

SÜSSWÜRZIGES **QUITTENGEMÜSE** MIT INGWER UND MARACUJA

ZUTATEN FÜR 2 PORTIONEN:
SAFT EINER ZITRONE | 2 GROSSE QUITTEN | 4 FRÜHLINGSZWIEBELN | 2 KNOBLAUCHZEHEN | 1 DAUMENKUPPENGROSSES STÜCK INGWER | 2–4 EL BRATFETT VOM FLEISCHGERICHT ODER BUTTER | 2 EL HONIG | ZIMT | KURKUMA | 100 ML WEISSWEIN | SAFT EINER GROSSEN ORANGE | SALZ | MUSKATNUSS | 1 MARACUJA

1. Eine passende Schüssel mit Wasser und Zitronensaft bereitstellen. Die Quitten vierteln, das Kerngehäuse entfernen, Quitten schälen und sofort in das Zitronenwasser legen, damit sie nicht braun anlaufen.
2. Die Frühlingszwiebeln in kleine Ringe schneiden, den Knoblauch und den Ingwer sehr fein hacken und in dem Bratfett anschwitzen. Die Quittenviertel in je zwei bis drei Spalten schneiden und dazugeben. Wenn sie etwas Farbe angenommen haben, den Honig darüber verteilen und karamellisieren lassen.
3. Etwas Zimt und Kurkuma zufügen, den Weißwein und den Orangensaft zugießen und bei mittlerer Hitzezufuhr etwa 15-20 Minuten ohne Deckel schmoren lassen. Gelegentlich umrühren.
4. Zum Ende mit Salz und etwas Muskatnuss abschmecken. Abschließend die Maracuja halbieren, das Fruchtfleisch in ein Sieb geben und mit einem Löffel kräftig rühren, um den Fruchtsaft über den Quitten zu verteilen.

Tipp: Dazu serviert man gebratene Entenbrust oder Steak und Kartoffelbrei.

QUITTENLIKÖR

ZUTATEN FÜR CA. 1 L LIKÖR:
1 KG QUITTEN | 2 ZITRONEN | 200–300 G ROHRZUCKER, BRAUNER KANDIS ODER HONIG | 35 G INGWER, GESCHÄLT | 1 ZIMTSTANGE | 4 STERNANISFRÜCHTE | NELKEN | 0,7 L WODKA, DOPPELKORN ODER WEINBRAND (40 VOL.-%) | NACH GESCHMACK EINIGE TROPFEN BITTERMANDELAROMA

1. Den Flaum der Quitten mit einem Tuch abreiben und die Früchte in kleine Stücke schneiden oder reiben. Die Zitronen mit einem Sparschäler schälen und anschließend auspressen.
2. Die Quittenstücke mit der Schale und dem Saft der Zitronen sowie allen übrigen Zutaten in ein großes, gut schließendes Glas füllen (z.B. von Gewürzgurken). Gut umschütteln und ca. 3 Monate an einem warmen Ort ziehen lassen. Zwischendurch immer wieder umschütteln.
3. Den Likör durch ein feines Sieb abfiltern, dabei die Früchte gut ausdrücken und den Likör in schöne Flaschen abfüllen.

Tipp: Die ausgepressten Rückstände nicht wegwerfen: Mit der gewünschten Menge Wasser eine halbe Stunde lang ausgekocht und danach abgeseiht, wird daraus noch ein wärmender Tee.

QUITTENBAVAROISE MIT HONIG

ZUTATEN FÜR CA. 8 PORTIONEN:
6 EIGELB | 200 G HONIG | 100 ML QUITTENLIKÖR | 500 G GESCHLAGENE SAHNE | 18 G GELATINEPULVER | FRÜCHTE DER SAISON UND MINZEBLÄTTCHEN ZUM GARNIEREN

1. Die Eigelbe mit dem Honig im heißen Wasserbad sehr kräftig und lange (mind. 5 Minuten) schlagen, bis eine weißschaumige Masse entstanden ist, dann den Quittenlikör und die Hälfte der Sahne unterrühren.
2. Das Gelatinepulver in 12 EL kaltes Wasser rühren und im heißen Wasserbad 5 Minuten quellen und auflösen lassen. Mit der Creme verrühren und die restliche Schlagsahne zufügen.
3. In eine Schüssel füllen, einige Zeit zum Festwerden kühl stellen und mit Früchten und Minzeblättchen anrichten oder für die folgende Biskuittorte verwenden.

FEINE BISKUITTORTE MIT **QUITTENCREME**

ZUTATEN FÜR EINE SPRINGFORM:
8 EIER | 100 G ZUCKER | SALZ | ABGERIEBENE SCHALE VON JE EINER ZITRONE UND ORANGE | 90 G MEHL | 25 G STÄRKE | ETWAS BUTTER ZUM FETTEN DER FORM | QUITTENCREME VOM VORHERIGEN REZEPT | 150 G EDELBITTERSCHOKOLADE, GERASPELT

1. Die Eier trennen. Die Eigelbe mit dem Zucker, dem Salz und den Schalen der Zitrusfrüchte mit dem Handrührgerät schaumig rühren.

2. Das Eiweiß steif schlagen und unter die Eiermasse heben. Das Mehl mit der Stärke vermischen und ebenfalls unterrühren.

3. Im vorgeheizten Backofen bei 180 °C (Ober-Unterhitze) 25-30 Minuten in einer gefetteten Springform backen.

4. Den Biskuitboden abkühlen lassen, horizontal durchschneiden und den unteren Teil mit zwei Dritteln der Quittencreme bestreichen. Den oberen Teil aufsetzen, rundherum mit der restlichen Creme bestreichen und die Schokoladenraspel darüber verteilen.

Tipp: Die Torte können Sie sehr gut einige Tage vorher zubereiten und bis zum Gebrauch mit Frischhaltefolie abgedeckt einfrieren. Dann empfehle ich, die Schokoladenraspel erst direkt vor dem Servieren aufzustreuen. Wer es besonders intensiv mag, kann den unteren Biskuitboden auch zuerst mit Quittenmarmelade oder Gelee bestreichen.

Sanddorn

HIPPOPHAË RHAMNOIDES

SYNONYME:	SANDBEERE, SEEDORN, STRANDDORN, DÜNENDORN
FAMILIE:	ÖLWEIDENGEWÄCHSE
WUCHSHÖHE:	2–6 M
BLÜTE:	MÄRZ BIS MAI
FRUCHTREIFE/SAMMELZEIT:	ENDE AUGUST BIS OKTOBER
VORKOMMEN:	AUF SANDDÜNEN, IN TROCKENEN, LICHTEN KIEFERNWÄLDERN UND FLUSSAUEN, AUF SCHOTTERFLUREN, AN STRASSENRÄNDERN, IN KIESGRUBEN, NATURNAHEN GÄRTEN UND PARKS

Aussehen und Anbau Wenn sich der Sommer seinem Ende zuneigt, beginnen die Sanddornsträucher in verschiedenen Orangetönen zu leuchten. Dicht an dicht reifen die kleinen, runden oder länglich ovalen Beeren zwischen Dornen an den nach oben gestreckten Zweigen. Die schmalen, graugrün silbrig glänzenden Blätter erinnern an Weiden oder Oliven. Mit einem feinen, filzigen Überzug schützen sie sich vor allzu starker Austrocknung durch Wind und Sonne. Die braucht der Sanddorn aber gleichzeitig auch zum Gedeihen: Der Wind transportiert den Pollen von den in Büscheln stehenden männlichen zu den weiblichen, ebenfalls unscheinbaren und nach Honig duftenden Blüten. Sie wachsen nicht am selben Strauch, denn der Sanddorn ist zweihäusig. Sich bei der Befruchtung alleine auf Insekten zu verlassen, wäre zur Blütezeit des Sanddorns im zeitigen Frühjahr zu unsicher. Ausreichend Sonne lässt dann die kleinen, saftigen Multivitaminperlen heranreifen. Wenn sie säuerlich frisch schmecken, ist der richtige Erntezeitpunkt gekommen.
Überreife Früchte schmecken ranzig, halten aber zum Glück vieler Vögel den ganzen Winter fest am Strauch. Ganze Schwärme von Wacholderdrosseln und etwa 40 andere Vogelarten lassen sich beobachten, wenn sie hungrig über die gesunde Futterquelle herfallen. Für Menschen gestaltet sich die Ernte etwas schwieriger, denn die dünnhäutigen Beeren platzen leicht. Am besten pflückt man mit etwas Gefühl Beere für Beere vorsichtig ab. Manch einer schneidet die Fruchtansätze lieber mit einer Nagelschere ab oder streift bei zeitigem Frost die gefrorenen Beeren mit hölzernen Hilfsmitteln von den Zweigen und fängt sie in untergelegten Tüchern auf. Im eigenen Garten darf man auch kleine Seitentriebe abschneiden, um sie komplett in den Gefrierschrank zu legen. Die schockgefrosteten Früchte lassen sich dann ganz leicht abklopfen.
Für den Anbau im Garten bietet der Fachhandel verschiedene fruchttragende Sorten mit unterschiedlichen Wuchsformen, Fruchtfarben und Reifezeiten an. Eine männliche Pollenspenderpflanze reicht für neun weibliche Pflanzen aus und sollte so in die Hauptwindrichtung gepflanzt werden, dass der Blütenstaub zur Befruchtung den weiblichen Blüten zugeweht wird. Bei genügend Frei-

raum und guter Bodenbelüftung gedeiht der Sanddorn auch auf magersten sandigen und steinigen Böden. Seine weit verzweigten, tiefen Wurzeln bilden zahlreiche Ausläufer.

Verwendung in der Küche Grundlage aller kulinarischen Sanddorngenüsse ist das säuerlich aromatische Fruchtmus, das man gewinnt, wenn man die Beeren roh oder gekocht durch ein Sieb streicht. Es gehört zu den vitaminreichsten Schätzen, die uns die heimische Natur zu bieten hat: Bereits ein Teelöffel davon deckt den Tagesbedarf an Vitamin C, denn 100 Gramm Sanddorn enthalten sagenhafte 2500 Milligramm davon, weiterhin das Provitamin A, Vitamine der B-Gruppe, die Vitamine K und E sowie einen hohen Anteil an gesättigten und ungesättigten Fettsäuren, Fruchtsäuren, Phenolen, Zucker, Mineralstoffen und Spurenelementen.
Angereichert mit Zucker oder Honig und mit Vanille aromatisiert, kann es als Vorrat portionsweise eingefroren oder eingekocht werden. Es eignet sich hervorragend als Aufstrich, lässt sich wunderbar in Quarkspeisen und Joghurt rühren, ergibt in Kombination mit anderen Früchten herrliche Marmeladen, Obstsalate, Säfte und Liköre und schmeckt lecker auf Eis. Das Sanddornaroma wird durch Hagebutten, Holunderbeeren, Äpfel, Birnen und Quitten hervorragend ergänzt. Es lässt sich aber auch mit Zwiebeln, Kräutern und Knoblauch, mit Curry und Chili, mit Öl oder Sahne, Essig oder Zitrone zu pikanten Soßen komponieren. Die passen besonders gut zu Fisch, Fondue und Käse. Getrocknete Früchte geben Teemischungen eine interessante Note.

Heilwirkungen Aufgrund ihres hohen Vitamingehalts eignen sich Sanddornsaft und Sanddornelixiere aus der Apotheke zur Steigerung der allgemeinen Abwehrkräfte und helfen bei Infekten und Erschöpfungszuständen, schnell wieder auf die Beine zu kommen. Sowohl die körperliche als auch die geistige Fitness werden dabei positiv beeinflusst.
In der Naturheilkunde wird das rote Fruchtfleischöl, das sich beim Kaltpressen oder beim Zentrifugieren der Beeren absetzt, als wertvolles Heilöl genutzt. Innerlich angewendet lindert es Sodbrennen und Entzündungen der Magen- und Darmschleimhaut. Äußerlich auf entzündete und gereizte Hautpartien aufgetragen, wirkt es antiseptisch und schmerzlindernd und beugt der Narbenbildung vor. Es bringt Linderung bei chronischen und allergischen Hauterkrankungen, bei Sonnenbrand, Geschwüren und bei Schürfwunden. Selbst zur Behandlung von Strahlenschäden nach Reaktorkatastrophen und als Begleittherapie bei Tumorbestrahlungen wird das Öl der Sanddornfrüchte eingesetzt.
Genauso werden seine schützenden und regenerativen Kräfte für die Pflege reifer werdender Haut genutzt, sollen sie doch die Bildung von Falten und Altersflecken deutlich verringern. Schon einige Tropfen unter die täglich verwendeten Pflegeprodukte gemischt, bewirken zwar keine Wunder, aber eine deutliche Verbesserung des Hautbildes.
Das farblose Öl der Sanddornkerne hat einen hohen Anteil an Omega-3-Fettsäuren und hilft dabei, Herz-Kreislauf-Erkrankungen vorzubeugen.

Wissenswertes Zur Verarbeitung der wertvollen Früchte in großen Mengen wird Sanddorn in den Ländern der ehemaligen Sowjetunion, der Mongolei, in China und auch in Deutschland plantagenmäßig angebaut.
Schon in seiner ursprünglichen Heimat, den endlosen Steppen der Mongolei, war Sanddorn als Heilmittel für kranke Pferdeaugen bekannt. Die Griechen sollen ihre Pferde mit Sanddornblättern gefüttert haben, um deren Fell besonderen Glanz zu verleihen.
Der botanische Name leitet sich vom Griechischen ab und kann als »leuchtender Pferdedorn« übersetzt werden: »Hippo« bedeutet Pferd, »phaes« leuchtend und »rhamnoides« kreuzdornähnlich.
Um böse Zauber und Dämonen vom Haus und seinen Bewohnern fernzuhalten, befestigte man im Mittelalter die dornenbewehrten Sanddornzweige an Türen und Fenstern. Wegen seines weitreichenden, dichten Wurzelwerks, der Standhaftigkeit auch gegen stärkste Winde und Unempfindlichkeit gegenüber Salz wird Sanddorn zum Schutz

der Sanddünen angepflanzt und spielt eine landschaftsprägende Rolle an den Küsten der Ost- und Nordsee. Auch zur Befestigung von Straßendämmen und Böschungen sowie zur Renaturierung von Tagebauen wird Sanddorn als Pionierpflanze geschätzt. Gleichzeitig reichert er die mageren Böden auch mit Stickstoff an.

SANDDORN-GEWÜRZTRAMINER-SOSSE ZU FISCHFRIKADELLEN UND FENCHELSALAT

ZUTATEN FÜR 4 PORTIONEN:

SANDDORNSSOSSE:
150 G SANDDORNBEEREN, ERSATZWEISE CA. 250 ML SANDDORNSAFT | 1 KLEINE ZWIEBEL, FEIN GEHACKT | 1 EL BUTTER | 150 ML GEWÜRZTRAMINER | 200 ML SAUERRAHM | 1 MSP. VANILLEPULVER | 1 KLEINE CHILISCHOTE, ENTKERNT UND SEHR FEIN GEHACKT | ½ ORANGE, FRISCH GEPRESSTER SAFT | SALZ | NACH BEDARF BINDOBIN (GESCHMACKSNEUTRALES BINDEMITTEL AUS JOHANNISBROTKERNEN)

FISCHFRIKADELLEN:
600 G PANGASIUSFILET (ODER ANDERES FISCHFILET OHNE GRÄTEN) | 4 EL SEMMELMEHL | 40 ML HEISSE MILCH | 1 ZWIEBEL, FEIN GEHACKT | 1 EL BUTTER | 2 EIER | SALZ | PFEFFER | JUNGE FENCHELSAMEN NACH GESCHMACK | BUTTER ZUM ANBRATEN

FENCHELSALAT:
2–3 JUNGE FENCHELKNOLLEN | 6 KUMQUATS | 3 EL ÖL, AM BESTEN CAROTINO | 2 EL ZITRONENSAFT | ½ ORANGE, FRISCH GEPRESSTER SAFT | SALZ UND PFEFFER

1. Den Fenchel putzen und in feinste Streifen schneiden, ebenso die Kumquats. Dabei kleine Kerne entfernen. Beides miteinander vermischen und in einer Marinade aus Öl und Zitrussäften gut durchziehen lassen. Den Salat mit Salz und Pfeffer abschmecken.
2. Die vorbereiteten Sanddornbeeren mit wenig Wasser aufkochen und durch ein Sieb streichen.
3. Das Pangasiusfilet in kleine Würfel schneiden. Das Semmelmehl mit der heißen Milch übergießen und kurz quellen lassen. Die Zwiebel in der Butter glasig schwitzen und beides sowie die Eier mit den Fischwürfeln vermengen, evtl. noch etwas Semmelmehl zufügen. Mit Salz und Pfeffer würzen und kühl stellen.
4. Die Zwiebel für die Soße in der Butter glasig anschwitzen, mit Gewürztraminer ablöschen, den Sauerrahm und den Sanddornsaft einrühren. Das Vanillepulver, die Chilischote und den Orangensaft zufügen und auf kleiner Flamme etwa 20 Minuten köcheln lassen - die Aromen brauchen etwas Zeit, um sich zu verbinden.
5. Inzwischen den Fenchelsamen in der Butter leicht anrösten. Aus der Fischmasse acht Frikadellen formen und in der Fenchelbutter von beiden Seiten goldbraun braten.
6. Gegen Ende der Kochzeit die Soße mit Salz abschmecken und bei Bedarf auf die gewünschte Konsistenz mit Bindemittel eindicken.
7. Alles auf großen Tellern anrichten. Dazu passen mit Ricotta gefüllte Nudeltaschen oder auch Kartoffeln.

SANDDORNSAHNE

ZUTATEN FÜR 6–8 PORTIONEN:
500 ML SCHLAGSAHNE | 80 G ZUCKER | SANDDORNFRUCHTMUS | EIERLIKÖR

Die Schlagsahne mit dem Zucker steif schlagen und mit Sanddornfruchtmus und Eierlikör abschmecken.

Tipps: Die Sahne zu Eis oder Mousse au chocolat reichen.
Mit etwas Gelatine wird die Sahne stabiler und eignet sich prima als Tortenfüllung.

MULTIVITAMIN-SMOOTHIE MIT SCHUSS

ZUTATEN FÜR CA. 1200 ML:
600 G KORNELKIRSCHEN, ENTSTEINT | 500 G HAGEBUTTEN, ENTKERNT | 300 G SANDDORNBEEREN | 400 G ZUCKER | 300 ML WASSER | 500 ML WODKA ODER DOPPELKORN | SAFT EINER ZITRONE SAFT EINER ORANGE

1. Die Früchte pürieren, den Zucker mit dem Wasser zu einem dünnen Sirup kochen, mit den übrigen Zutaten in ein großes Schraubglas (z.B. ein großes Gurkenglas) füllen und alles gut vermischen.
2. Auf einer sonnigen Fensterbank mindestens 6-8 Wochen ziehen lassen, dabei ab und zu umschütteln.
3. Alles durch ein feines Sieb rühren und in saubere Flaschen abfüllen.

Tipp: Dieser vitalstoffreiche Drink schmeckt pur oder verdünnt mit Saft und lässt sich auch gut für die Zubereitung von Joghurt- und Quarkspeisen verwenden.

Steinweichsel

PRUNUS MAHALEB

SYNONYME:	WEICHSELKIRSCHE, FELSENKIRSCHE, TÜRKISCHE KIRSCHE, BADENER WEICHSEL
FAMILIE:	ROSENGEWÄCHSE
WUCHSHÖHE:	5–8 M
BLÜTE:	APRIL BIS MAI
FRUCHTREIFE/SAMMELZEIT:	JULI BIS SEPTEMBER
VORKOMMEN:	AN SONNIGEN WALD- UND FELDRÄNDERN, FELSIGEN HÄNGEN, IN GÄRTEN, GRÜNANLAGEN UND GEBÜSCHEN

Aussehen und Anbau Die Steinweichsel ist ein locker wachsender, stark verzweigter Großstrauch oder Baum, der im Frühjahr durch seine duftenden weißen Blütendolden auf sich aufmerksam macht. Ab Mitte Juli färben sich seine nur acht bis zehn Millimeter großen Früchte über vielerlei Rottöne purpurschwarz. Die vier bis acht Zentimeter langen, ovalen Blätter haben einen fein gesägten Rand und sind auf der Oberseite glatt und glänzend, die Unterseite dagegen ist matt mit einer fein behaarten Mittelrippe.

Die sonnenhungrige Steinweichsel empfiehlt sich für naturnahe Gärten als Bienenweide und Vogelnährgehölz. Da ihr weder große Hitze und Trockenheit noch Frost, selbst Rauchsäuren und Abgase wenig anhaben können, ist sie selbst für innerstädtische Extremstandorte geeignet. Als Pioniergehölz bevorzugt die Steinweichsel sandig-steinige Lehmböden und trockene kalkhaltige Böden.

Verwendung in der Küche In unseren Breiten ist der Gebrauch der leicht bitteren, herb aromatischen Steinweichsel noch weitgehend unbekannt. Das Fruchtfleisch verleiht Süßspeisen eine würzige Note und harmoniert besonders mit Aprikosen und Bananen. Ebenso entwickelt sich in Kombination mit Schokolade ein einzigartiges Aroma. Auch zu interessanten Chutneys und Likör lassen sich die dünnfleischigen Früchte verarbeiten. Wichtig ist nur, dass man mit Bedacht dosiert.

Über die Inhaltsstoffe der Steinweichsel sind nur wenige Informationen zu finden. Auf jeden Fall enthalten sie reichlich Pektin, so dass für Marmelade und Gelee kein Gelierzucker benötigt wird und man diese auch mit Honig oder Haushaltszucker süßen kann. Der Geschmack der fettreichen Kerne wird wahrscheinlich durch die enthaltenen Kumarine und ihre verwandten Zimtsäurederivate bestimmt. Blausäureglykoside sind trotz des Bittermandelaromas nicht nachgewiesen. Zerkaut man das weiche Innere des Kerns, entwickelt sich nach anfänglicher Bitterkeit ein feines Aroma, das an Vanille, Zimt, Bittermandel und Tonkabohne erinnert.

In der südosteuropäischen und westasiatischen Küche ist der Gebrauch der ausgelösten Samenkerne gemahlen als Gewürz für Brot und Gebäck weit verbreitet. In türki-

schen, griechischen und arabischen Lebensmittelgeschäften findet man es unter der Bezeichnung »Mahaleb«, »Mahlep« oder »Machlepi«. Da sich das Aroma leicht verflüchtigt, sollte man sich ganze Kerne besorgen, die man bei Bedarf selbst fein mahlen kann.
Besonders für Spezialitäten wie »Tsoureki«, das süße, zopfartig geflochtene griechische Osterbrot, das ähnliche armenische »Chorak«, den zypriotischen Oster-Käsekuchen »Flaounes« und die mit Dattelmus oder Nüssen gefüllten Mürbteigkekse »Ma'amul« der armenischen, syrischen und libanesischen Küche ist das Aroma der Steinweichselkerne typisch.
Mahaleb harmoniert mit Vanille, Zimt, Mastix, Nelken, Kardamom, Kreuzkümmel, Koriander, Piment und Ingwer.

Heilwirkungen Steinweichseln werden in der Heilkunde nicht verwendet.

Wissenswertes In den Vogesen, in Niederösterreich und Ungarn wurde die Steinweichsel wegen ihres stark nach Kumarin duftenden Holzes kultiviert, um daraus Gehstöcke, Pfeifenstiele und Zigarettenspitzen herzustellen. Der Rauch bekam dadurch eine besonders feine Note. Diese Tradition ist jedoch wie das damit verbundene Praxiswissen weitgehend in Vergessenheit geraten.
Wegen ihrer geringen Anfälligkeit gegenüber Schädlingen werden Steinweichseln gern als Veredlungsunterlage für Süßkirschen genutzt. Dabei entscheidet die Herkunftsregion des Saatguts über den Erfolg. Wenngleich sie sich äußerlich kaum unterscheiden, weist die genetische Ausstattung der Pflanze mit einem Verbreitungsareal von Vorderasien bis nach Spanien eine reiche Variationsbreite auf.
Aus den Steinweichselsamen lässt sich fettes Öl gewinnen. Eine besondere Spezialität ist Steinweichselkirschwasser, das zugleich ein besonders teurer Brand ist.
Der Fruchtsaft färbt intensiv dunkelrot.

STEINWEICHSEL-APRIKOSEN-PUDDING

ZUTATEN FÜR 4 PORTIONEN:
500 G APRIKOSEN | 150 G STEINWEICHSELN | 150 G + 2 EL ZUCKER | 5 EIER | 2 EL ZITRONENSAFT | 50 G WEISSE SCHOKOLADE

1. Den Backofen auf 150 °C vorheizen, die Fettpfanne mit warmen Wasser füllen und auf der mittleren Schiene hineinstellen.
2. Die Aprikosen oben und unten kreuzweise einschneiden, mit kochendem Wasser übergießen und etwas später die Schale abziehen sowie die Steine entfernen. Die Früchte mit wenig Wasser zu Mus kochen und anschließend durch ein Sieb streichen.
3. Die Steinweichseln zerdrücken, 200 Milliliter Wasser angießen, langsam erhitzen und 20 Minuten köcheln lassen, anschließend ebenfalls durch ein Sieb streichen.
4. Aprikosen- und Steinweichselmus vermischen, 250 Milliliter abmessen und 150 Gramm Zucker so lange unterrühren, bis er sich aufgelöst hat. Die Eier verquirlen und ebenfalls untermischen.
5. In einer kleinen Pfanne den restlichen Zucker mit dem Zitronensaft karamellisieren lassen und sofort in Puddingförmchen verteilen. Die Fruchtmus-Mischung angießen, in das vorbereitete Wasserbad stellen und 25-30 Minuten garen lassen. Beim Einstechen eines Stäbchens in die Mitte des Puddings sollte nichts mehr haften bleiben.
6. Den Pudding bei Zimmertemperatur erkalten lassen, auf Tellern anrichten und mit geschmolzener Schokolade anrichten.

STEINWEICHSEL-BANANEN-MARMELADE

1 Kilogramm Steinweichseln ergeben ca. 450 Milliliter Fruchtmus. Dafür zerstampft man die vollreifen Früchte und/oder püriert sie in einem Mixer. Dabei sollte man darauf achten, dass nur einige Kerne zerstoßen werden. Anschließend streicht man die Masse durch ein Sieb. Die zurückbleibenden Kerne und Fruchtschalen verwendet man für Likör.

ZUTATEN FÜR CA. 300 ML MARMELADE:
3 BANANEN (GESCHÄLT 250 G) | 100 ML STEINWEICHSEL-FRUCHTMUS | 3 EL KIRSCHLIKÖR ODER WEINBRAND | 100 G HONIG | ZIMT | KORIANDER | NACH BELIEBEN: 1 HAND VOLL GEWÜRZTAGETES ODER 1 HAND VOLL ZITRONENVERBENE-BLÄTTCHEN UND/ODER 35 G SCHOKOLADE GERIEBEN

Die Bananen pürieren und zusammen mit den übrigen Zutaten kurz aufkochen. Sofort in vorbereitete Schraubgläschen abfüllen und verschließen.

STEINWEICHSEL-CHUTNEY

ZUTATEN FÜR CA. 450 ML:
400 G ÄPFEL | 1 CHILISCHOTE, ENTKERNT | 10 G FRISCHER, JUNGER INGWER | 1 EL ÖL | 1 ZWIEBEL, FEIN GEWÜRFELT | JE 1 MSP. MUSKATBLÜTE, ZIMT UND PIMENT | 200 ML STEINWEICHSEL-FRUCHTMUS | 100 G BRAUNER ROHRZUCKER | ETWAS ZITRONENSAFT | 200 ML ROTWEIN | 2 EL GEWIEGTES KORIANDERGRÜN

1. Die Äpfel vierteln, das Kerngehäuse entfernen und die Viertel in kleine Stücke schneiden. Die Chilischote und den Ingwer sehr fein wiegen.
2. Das Öl in einem großen Topf erhitzen und die Zwiebel darin anschwitzen, die Chili und den Ingwer einrühren und kurz darauf auch die Apfelstücke untermischen.
3. Bis auf den Koriander alle übrigen Zutaten einrühren und etwa zehn Minuten köcheln lassen. Dabei hin und wieder umrühren. Zum Schluss das Koriandergrün dazugeben, nochmals abschmecken und kochend heiß in Twist-off-Gläser füllen.

STEINWEICHSEL-LIKÖR
(ZWEI SORTEN, HERB UND SAHNIG SÜSS)

ZUTATEN FÜR CA. 500 ML ANSATZMISCHUNG:
STEINWEICHSELKERNE UND SCHALEN VON 1 KG STEINWEICHSELN (ETWA 500 ML) | 300 G KANDISZUCKER | 1 ZIMTSTANGE | 1 VANILLESCHOTE, AUFGESCHLITZT | 500 ML WEINBRAND | 40 G JUNGER, ZARTER INGWER, IN SCHEIBEN GESCHNITTEN | 200 ML SCHLAGSAHNE | 100 G WEISSE SCHOKOLADE

1. Steinweichseln, Kandiszucker, Zimt, Vanille und Weinbrand in ein großes Schraubglas füllen und mindestens zwei Wochen auf der Fensterbank ziehen lassen, dabei mehrmals umschwenken.
2. Diese Ansatzmischung absieben und halbieren.
3. Für den herben Likör eine Hälfte abfüllen und mit dem Ingwer je nach gewünschter Geschmacksintensität nochmals mindestens zwei Wochen weiterziehen lassen.
4. Für den sahnigen Likör die Schlagsahne leicht erwärmen, die Schokolade reiben und in der Sahne schmelzen lassen. Mit der anderen Hälfte der Ansatzmischung vermischen und in kleine Flaschen abfüllen. Im Kühlschrank aufbewahren.

Tipp: Die Kerne können nun getrocknet und nach Bedarf geknackt werden, um den Keimling zu Gewürzpulver zu vermahlen.

Walderdbeere

FRAGARIA VESCA

SYNONYME:	AARDBEEREN, BESINGKRAUT, ERBELKRAUT, ROTBEERE, KNICKBEEREN, DARMKRAUT UND HAFELSBEERE
FAMILIE:	ROSENGEWÄCHSE
WUCHSHÖHE:	5–25 CM
BLÜTE:	ENDE APRIL BIS JUNI
FRUCHTREIFE/SAMMELZEIT:	MITTE JUNI BIS JULI
VORKOMMEN:	IN LICHTEN LAUB- UND NADELWÄLDERN, AN WALDRÄNDERN UND -WEGEN

Aussehen und Anbau Kennen Sie die das köstliche Vergnügen, an einem warmen Sommertag auf einem Spaziergang süße Walderdbeeren zu naschen? Der Duft und das verlockende Aroma der Walderdbeeren übertreffen den der großen Gartenerdbeeren um Welten! Für diesen Genuss findet sich dann auch im kleinsten Garten ein Plätzchen. Denn davon will man mehr! Walderdbeeren gedeihen auch an leicht schattigen Plätzen gut, besonders auf durchlässigen, nährstoff- und humusreichen Böden. Bei Trockenheit sollte man ab und an wässern. Es gibt zahlreiche Unterarten und Formen: Rankende Walderdbeeren bilden als Bodendecker durch zahlreiche Ausläufer grüne Teppiche, die man auch gelegentlich begehen kann. Ausläuferlose Formen dagegen stehen in vieltriebigen Horsten und eignen sich als Randbepflanzung von Beeten. Allen gemeinsam sind die dreizähligen, wintergrünen Blätter mit scharf gesägtem Rand und die weißen, fünfzähligen Blüten. Da nach einigen Jahren die Vitalität der Pflanzen nachlässt, sollte man rechtzeitig für Nachwuchs sorgen. Dafür sammelt man Samen von starken Mutterpflanzen und sät sie im Frühjahr aus. Von rankenden Sorten nimmt man auch Ableger. Ein besonders schönes weißes Blütenbouquet ragt über das Laub der heimischen Zimterdbeeren, die wegen ihres Aromas auch Moschuserdbeeren genannt werden. Die Farbe ihrer Früchte variiert von hellem Rosa bis Purpurrot, das Fruchtfleisch bleibt weiß und ihr Geschmack ist einfach umwerfend. Unbedingt beachten muss man, dass die Art zweihäusig ist: Man braucht also pollentragende männliche Pflanzen (z.B. die Sorte »Cotta«) als Bestäuber. Eine männliche Pflanze reicht für sechs bis acht weibliche aus!

Verwendung in der Küche Seit Urzeiten wurden Walderdbeeren gesammelt und ihr köstlicher Geschmack gepriesen. Sie wurden in die Gärten gepflanzt und ab dem Mittelalter sogar großflächig angebaut. Im 19. Jahrhundert erlebten sie einen Höhepunkt ihrer Bedeutung, als durch Zucht aus heimischen Formen Sorten mit besonders schmückendem Aussehen, größeren Früchten, längeren Erträgen oder überragendem Duft und Geschmack entstanden. Leider sind etliche davon verschollen, doch werden die verbliebenen Raritäten zunehmend

wieder bei spezialisierten Fachhändlern angeboten. Man bereitet daraus köstliche Desserts in allen Variationen. Feinschmecker bereichern aber auch die herzhafte Küche mit den aromatischen Früchten: als Begleiter von Blattsalaten und Käse, in Senf- und Balsamicovariationen, in Kombinationen mit Chili, Kapern und grünem Pfeffer ... Die Früchte werden am besten frisch verwendet und möglichst nicht gewaschen, um das Aroma zu erhalten. Konfitüre ausschließlich aus Walderdbeeren zu kochen, ist wenig empfehlenswert, da ihre kleinen Kerne einen Bitterstoff enthalten, der erst nach einigen Minuten Kochzeit in Erscheinung tritt. Man bereitet sie also besser kaltgerührt.

Heilwirkungen Seit jeher findet die Erdbeere in der Volksmedizin große Beachtung und wird bei Leber- und Gallenleiden, Magen- und Darmstörungen, zum Gurgeln und Spülen entzündeter Schleimhäute sowie als allgemeines Stärkungsmittel angewendet. Der Botaniker Carl von Linné beschreibt im 18. Jahrhundert, wie er sich mit einer Erdbeerkur von der Gicht befreite: mit Erdbeerblättertee und dreimal täglich einer Schüssel voll frischer Walderdbeeren.

Auch wenn diese Wirkungen nicht ausreichend wissenschaftlich belegt sind – wohl aber die Unbedenklichkeit der Anwendung als Teedroge – sprechen die Inhaltsstoffe für sich: Gerbstoffe, Flavonole, Pflanzensäuren und Salicylsäure finden sich in den jungen Blättern und Wurzeln. Die Früchte sind wunderbare Vitamin-Spender (Provitamin A, B1, B2 und besonders viel Vitamin C) und punkten mit einem großen Reichtum an Mineralstoffen, besonders Kalzium, Natrium, Kalium, Phosphor und Eisen. Besonders hoch ist auch der Gehalt an Folsäure. So wundert es nicht, dass Erdbeeren von Ernährungswissenschaftlern empfohlen werden, um das Risiko von Krebs- und Herz-Kreislauferkrankungen zu verringern, das Immunsystem zu stärken, die Darmflora zu stabilisieren sowie zur Entwässerung und nicht zuletzt als Stimmungsaufheller.

Wissenswertes Die großfruchtigen Gartenerdbeeren heutiger Tage sind nicht etwa Zuchtformen aus heimischen Walderdbeeren, sondern eine Kreuzung aus zwei amerikanischen Arten, der Chile-Erdbeere (*Fragaria chiloensis*) und der Scharlacherdbeere (*Fragaria virginiana*). Die vor etwa 250 Jahren eher zufällig in Frankreich entstandene Sorte wurde als Luxusfrucht zunächst nur in hochherrschaftlichen Gärten gezogen. Spätere Züchtungen konzentrierten sich weniger auf Aroma und Geschmack als auf schöne große Früchte und bessere Haltbarkeit.

Als Sinnbild steht die rosenblütige, aber dornenlose Erdbeere im Christentum für Rechtschaffenheit. Auf mittelalterlichen Tafelgemälden erscheint sie als Allegorie guter und frommer Gedanken und als Begleitpflanze Marias. Auch das Märchen der Brüder Grimm »Die drei Männlein im Walde«, in dem ein kleines Mädchen nur mit einem Kleid aus Papier bekleidet mitten im Winter nach Erdbeeren suchen soll, nimmt dieses Bild auf. Die drei Männlein belohnen die Hilfsbereitschaft des Kindes überreichlich. Andererseits stehen die süßen Früchte als Symbol der erotischen Verlockung und der Sinnenfreude in enger Beziehung zu den jeweiligen Göttinnen der Liebe und waren der Fruchtbarkeitsgöttin Freya geweiht. Dichter wie François Villon schmachteten nach dem süßen Erdbeermund und in vielen Liebesfilmen spielen die roten Beeren eine verführerische Rolle.

ZIEGENKÄSETEMPURA MIT **ERDBEERSALSA**

ZUTATEN FÜR 4 PORTIONEN:

FÜR DIE ERDBEERSALSA:
500 G WALDERDBEEREN | 1 KLEINE ROTE CHILI, ENTKERNT UND KLEIN GESCHNITTEN | 1 EL GRÜNE PFEFFERKÖRNER, ZERSTOSSEN | 50 ML FRUCHTIGER BALSAMICO | 1 KLEINER ZWEIG FRISCHER ROSMARIN | 1 EL GEWÜRZTAGETESBLÄTTCHEN, KLEIN GEWIEGT

FÜR DIE ZIEGENKÄSETEMPURA:
WONTON-TEIGBLÄTTER* | 4 TL SEHR WEICHE BUTTER | 4 KLEINE, RUNDE ZIEGENKÄSE ODER 2,5 CM DICKE ABSCHNITTE VON EINER ZIEGENKÄSEROLLE | GRÜNE PFEFFERKÖRNER, ZERSTOSSEN | 4 EL TEMPURAMEHL* | CA. 10 EL JAPANISCHE BROTBRÖSEL* | 50 ML ÖL (RAPS-, ERDNUSS- UND/ODER SESAMÖL) | JE 12 BLÜTEN UND BLÄTTCHEN VON GEWÜRZTAGETES | ROSMARINBLÄTTCHEN | WEITERE BLÜTEN ALS ESSBARE DEKORATION

* AUS DEM ASIALADEN

1. Für die Erdbeersalsa die Erdbeeren sauber verlesen und mit den übrigen Zutaten ca. eine Stunde marinieren. Anschließend die Hälfte davon pürieren.
2. Je vier Wonton-Teigblätter mit 1 TL der Butter überlappend »zusammenkleben« und mit einem TL der pürierten Salsa bestreichen. Den Ziegenkäse darauflegen, mit grünem Pfeffer würzen und alles zu einem Päckchen zusammenfalten.
3. Tempuramehl mit etwas kaltem Wasser anrühren. Die Käsepäckchen durchziehen und mit den japanischen Brotbröseln panieren.
4. Das Öl in einer kleinen, hohen Pfanne erhitzen und die Käsepäckchen darin von allen Seiten goldgelb ausbraten.
5. Auf vier Tellern einen Spiegel der pürierten Salsa auftragen, die Tempuras daraufsetzen und die ganzen, marinierten Erdbeeren rundherum verteilen. Mit den Blüten und Blättern anrichten. Ich empfehle, sie unbedingt mitzuessen!

Die Gewürztagetes (***Tagetes tenuifolia***) ist eine asiatische Verwandte unserer Studentenblumen mit angenehm fruchtigem Duft und Geschmack.

MARINIERTE **WALDERDBEEREN** AUF HOLUNDERSCHAUM

ZUTATEN FÜR 4 PORTIONEN:
250 G WALDERDBEEREN | CA. 50 G ROHRZUCKER | CA. 10 BLÄTTCHEN ZITRONENVERBENE, SEHR FEIN GESCHNITTEN | 100 ML MUSKAT (FRANZÖSISCHER DESSERTWEIN) | 1 EL GELATINEPULVER | 250 ML SAHNE | ½ VANILLESCHOTE (AUSGEKRATZTES MARK) | 50 ML HOLUNDERBLÜTENLIKÖR ODER -SIRUP | EINIGE BLÄTTCHEN ZITRONENVERBENE UND HOLUNDERBLÜTEN ZUR DEKORATION

1. Die gesäuberten und vom Stielansatz befreiten Walderdbeeren werden nach Geschmack mit der Hälfte des Zuckers, den Verbenenblättchen und dem Muskat vorsichtig vermengt. Mindestens eine Stunde durchziehen lassen.
2. Inzwischen das Gelatinepulver nach Vorschrift auflösen. Die Sahne mit dem restlichen Zucker und dem Vanillemark vermengen und halb steif schlagen. Den Holunderblütenlikör und die Gelatine unterrühren, die schaumige Creme als Spiegel auf flache Teller aufstreichen oder in kleine Dessertschälchen füllen und kühl stellen.
3. Die Erdbeeren vorsichtig in ein Sieb geben. Den aufgefangenen Saft mindestens auf die Hälfte einköcheln, diesen noch flüssigen Sirup etwas abkühlen lassen und wieder vorsichtig mit den Erdbeeren vermischen.
4. Die Erdbeeren auf dem Holunderschaum anrichten und mit Verbenenblättchen und Holunderblüten garnieren.

ERDBEERSCHAUMTUNKE

ZUTATEN FÜR 4–6 PORTIONEN:
500 G SEHR REIFE WALDERDBEEREN | 500 ML SCHLAGRAHM | ZUCKER O. VANILLEZUCKER NACH GESCHMACK

Die vorbereiteten Erdbeeren werden durch ein Sieb gestrichen, nach Geschmack mit Zucker vermischt und mit der Sahne zu schaumiger Soße geschlagen. Dazu schmeckt Vanille- oder Schokoladeneis.

ERDBEERSPEISE CHARLOTTKA

ZUTATEN FÜR 1 KLEINE SPRINGFORM (18–20 CM DURCHMESSER):
500 G WALDERDBEEREN UND EINIGE ZUR DEKORATION | WAHLWEISE ETWAS FRUCHTIGER WEISSWEIN ODER PORTWEIN | ETWAS ZUCKER | ROTE GELATINE (15 G PRO VIERTELLITER SAFT) | 500 ML SCHLAGSAHNE (ODER CREMEFINE ZUM SCHLAGEN) | 2 PK. VANILLEZUCKER | CA. 200 G LÖFFELBISKUITS | 1 KLEINE SPRINGFORM (18–20 CM DURCHMESSER) | EINIGE MELISSEBLÄTTCHEN

1. Die vorbereiteten Erdbeeren werden mit wenig Wasser oder Wein und Zucker durch ein Sieb gestrichen. Die Gelatine nach Vorschrift auflösen und unter den Erdbeersaft rühren.
2. Die Sahne mit Vanillezucker mischen, steif schlagen und unter die Erdbeermasse heben. Die restlichen Erdbeeren vorsichtig untermischen, damit sie nicht zerquetscht werden.
3. Die Springform mit Löffelbiskuits auslegen, für den Rand die Löffelbiskuits an einer Seite gerade schneiden, damit sie stehen bleiben, und die Speise hineinfüllen, kühl stellen.
4. Vor dem Servieren die Form vorsichtig lösen, mit Erdbeeren und Melisseblättchen anrichten.

Tipp: Man kann auch kleine Mürbteigtartes backen, die Erdbeerspeise einfüllen und wie Crème brûlée mit Zucker gratinieren.

Walnuss

JUGLANS REGIA

SYNONYME:	WELSCHE NUSS, CHRISTNUSS, STEINNUSS, WALCHBAUM
FAMILIE:	WALNUSSGEWÄCHSE
WUCHSHÖHE:	15–30 M
BLÜTE:	APRIL BIS ENDE MAI
FRUCHTREIFE/SAMMELZEIT:	SEPTEMBER BIS OKTOBER
VORKOMMEN:	IN FELDFLUREN ALS EINZELBÄUME UND AUS KULTUR VERWILDERT, IN GÄRTEN UND HÖFEN

Aussehen und Anbau Mit seiner imposanten Gestalt wirkt ein alter Walnussbaum majestätisch und anheimelnd zugleich: Eine schwarzgraue, mit tiefen Rissen durchzogene Borke umhüllt seinen mächtigen Stamm, der sich schon bald in starke Äste verzweigt. Sie bilden eine weit ausladende Krone, die im Sommer von großen Blättern umhüllt wird. Gerbstoffe und ätherische Öle sorgen dafür, dass diese besonders beim Zerreiben einen unverkennbaren, starken Duft verströmen. So halten sie nicht nur Regen ab, sondern vertreiben auch Insekten: Perfekte Voraussetzungen also, sich unter ihrem Dach einen Sitzplatz einzurichten.

Im Frühling ergrünt der Walnussbaum als einer der letzten und wirft sein Kleid früh im Herbst wieder ab. Die anfangs rötlichen Blätter wachsen gegenständig, ganzrandig und sind unpaarig gefiedert. Sie enthalten wie alle anderen grünen Teile des Walnussbaums ein Glucosid, das sich, sobald es freigesetzt wird, in Juglon verwandelt, einen Stoff mit vielfältigen Wirkungen. Gelangt er in den Boden, werden andere Pflanzen in ihrem Wachstum gehemmt und so als Konkurrenten um Nährstoffe und Wasser klein gehalten. Walnussbäume sind einhäusig getrenntgeschlechtig; man findet also weibliche und männliche Blüten am selben Baum. Die weiblichen Blüten stehen in kleinen Trauben an den jungen diesjährigen Trieben, die männlichen hängen als lange, walzenförmige Kätzchen an den im Vorjahr gebildeten Trieben. Die Bestäubung übernimmt der Wind. Wenn ihre äußere Schale, die neuesten Erkenntnissen nach aus Blattorganen gebildet wird, braun und rissig geworden ist und aufplatzt, kündigt sich die Reife der Früchte an. Die begehrten Walnüsse, die in ihrer Form und Größe sehr variieren, fallen dann von selbst vom Baum.

Neben ausreichend Platz benötigen Walnussbäume geschützte, sonnige Lagen. Sie gedeihen auf nährstoff- und kalkreichen Böden besonders gut. Spätfröste behagen ihnen ebenso wenig wie Staunässe. Schnittmaßnahmen dürfen auf keinen Fall im Frühjahr erfolgen, denn der lang anhaltende Saftfluss lässt sich nicht stoppen, und der Baum droht dann regelrecht zu »verbluten«. Die beste Zeit zum Schneiden liegt zwischen August und Anfang Januar. Das Laub verrottet nur sehr langsam und ist für Kompost ungeeignet.

Eichhörnchen sorgen besonders eifrig für die Verbreitung der Nüsse, aber auch andere Nagetiere und größere Vögel verschleppen sie. Aus Sämlingen gezogene Bäume tragen erst nach vielen Jahren Früchte, veredelte Baumschulware dagegen schon etwa ab dem fünften Jahr nach der Pflanzung.

Verwendung in der Küche Damit die Nüsse nicht vorzeitig verderben, rebelt man die Reste der fleischigen Hüllen nach dem Aufsammeln ab. Dabei ist das Tragen von Gummihandschuhen unbedingt zu empfehlen, denn es dauert sonst lange, bis die braun gefärbten Hände wieder ansehnlich werden! Danach müssen die Nüsse einige Tage in luftdurchlässigen Netzen zum Trocknen aufgehängt oder in flachen Holzstiegen ausgebreitet und mehrmals gewendet werden. Frisch geknackt sind sie eine leckere Knabberei oder verfeinern Süßes und Herzhaftes in allen Geschmacksrichtungen. Zusammen mit Honig und Joghurt werden sie als »griechisches Viagra« gepriesen. Die im Juni geernteten, jungen grünen Nüsse ergeben kandiert oder süßsauer eingelegt eine hervorragende Beilage zu Fleisch und Käse. Fein geschnitten verleihen die ganz jungen Blätter Salaten und Kartoffelgerichten eine pilzartige Würze. In größere Blätter, die frisch oder eingelegt in Salzlake Verwendung finden, wickelt man Fisch und Meeresfrüchte zum Braten ein oder lässt darin Käse heranreifen.
Das aus den Früchten gepresste Walnussöl ist besonders reich an Omega-3-Fettsäuren und somit nicht nur delikat, sondern auch gesundheitlich äußerst wertvoll. Die Vielzahl und die Menge der in den Nüssen enthaltenen Mineralien, Spurenelemente und Eiweiße sowie die in hoher Konzentration vorliegenden Vitamine sorgen in ihrer Zusammensetzung dafür, dass körperliche und geistige Kräfte genauso gestärkt werden wie die Nerven. Auf Haut und Haare wirkt der Genuss von Walnüssen wie ein Schönheitsmittel von innen. Aber so gesund sie auch sind, sollte man daran denken, dass 100 Gramm Walnusskerne auch fast 700 Kalorien liefern.

Heilwirkungen Schon in der Antike waren die heilenden Wirkungen des Walnussbaums bekannt, und auch heute noch werden seine Blätter (*Folia Juglandis*) arzneilich verwendet. Ihre zusammenziehenden und pilzhemmenden Eigenschaften werden bei Hautleiden wie Entzündungen und übermäßiger Schweißbildung, aber auch zur Vertreibung von Wanzen und Läusen eingesetzt. In der Volksheilkunde werden aus im Frühsommer gepflückten Blättern, unreifen grünen Nüssen und den grünen Walnussschalen Extrakte zubereitet, die als universell einsetzbare Heilmittel Verwendung finden. So sollen sie beispielsweise bei Vitamin C-Mangel, Hautausschlägen, Entzündungen aller Art, Magen-Darm-Erkrankungen, Herz- und Gelenkleiden, Hämorrhoiden und Hühneraugen Linderung bringen. Das Öl aus den Walnussschalen wird kosmetisch verwendet.
Für Umschläge und Teilbäder setzt man etwa 6–9 Teelöffel getrocknete und zerkleinerte Walnussblätter mit 300 Milliliter kaltem Wasser auf, bringt es zum Sieden und seiht nach einer Viertelstunde ab. Der abgekühlte Sud kann ein- bis zweimal täglich angewendet werden.
Wer täglich eine kleine Hand voll Walnüsse isst, kann nachgewiesenermaßen den Cholesterinspiegel senken und das Risiko, an einem Herzleiden zu erkranken, deutlich verringern.
Ein Magenbitter aus grünen Walnüssen wirkt auch ohne Beschwerden sehr wohltuend.

Wissenswertes Seit etwa 9000 Jahren ist die Nutzung der ursprünglich aus Persien stammenden Walnüsse bekannt. Sie zählen somit zu den ältesten Kulturpflanzen und gelangten über Griechenland zu den Römern, die die Nüsse besonders liebten und später in ganz Europa verbreiteten. In der Antike glaubte man, dass Eicheln eine Speise der Götter seien. Die jungen Walnüsse sehen Eicheln sehr ähnlich; so erklärt sich der lateinische Name *Juglans*, der von »Jovi glans« abgeleitet ist, was so viel bedeutet wie »Jupiters Eichel«. Auch die Bezeichnung *regia* (»königlich«), weist darauf hin, dass es sich um einen ganz besonderen Baum handelt.
In der Mythologie und im Volksglauben spielen Walnüsse viele Rollen. Zahlreiche Bräuche gehen auf ihre Symbolik zurück. Als Glücksbringer und Fruchtbarkeitssymbol

warfen die Griechen am Vorabend einer Hochzeit laut polternd Walnüsse auf den steinernen Fußboden. Heiratswillige befragten jahrhundertelang das Walnussorakel nach den Chancen auf eine glückliche gemeinsame Zukunft. Viele Fruchtbarkeitsrituale für gesunden Nachwuchs in Haus und Stall sind ebenfalls überliefert.

In der christlichen Mythologie wird die Dreiteilung der Frucht in Nusskern, harte Schale und grüne Hülle verschieden gedeutet. Auf Augustinus von Hippo (354–430) geht der Vergleich des süßen Kerns mit dem ewigen Leben zurück; die harte Schale steht bei ihm für das Holz des Kreuzes und die bitteren Schalen für das Leiden Jesu.

Aus den grünen Umhüllungen werden seit der Römerzeit Färbe-, Gerb- und Beizmittel hergestellt. In der Weinbrandindustrie werden sie als Alterungsmittel und zur Erzielung eines ganz bestimmten Typs verwendet.

Die streng nach Gerbsäure riechenden Blätter wurden früher bei der Einlagerung von Obst und Gemüse in Erdstrohmieten als Unterlage genutzt, die nicht nur Mäuse, sondern auch Bakterien und Pilze von den Vorräten fernhielten.

Das Holz der Walnussbäume gilt als das edelste heimische Holz, wobei das Wurzelholz mit seiner attraktiven Maserung besonders wertvoll ist.

Zu feinem Granulat vermahlene Walnussschalen dienen als Strahlmittel zur Reinigung empfindlicher Oberflächen und finden bei der Restaurierung von Kunstwerken und in Handwaschpasten Verwendung.

MAGENBITTER AUS GRÜNEN **WALNÜSSEN**

ZUTATEN FÜR CA. 2 FLASCHEN À 500 ML:
19 GRÜNE WALNÜSSE, TRADITIONELL AM 24. JUNI (ST. JOHANNIS) GEPFLÜCKT | 350 G KANDISZUCKER | 1 VANILLESCHOTE, AUFGESCHLITZT | 1 STANGE ZIMT | 1 MUSKATBLÜTE | 6 GEWÜRZNELKEN | 4 STERNANIS | 1 EL FENCHELSAMEN | 1 EL ANIS | 2 STÄNGEL PFEFFERMINZE | 1 ZWEIG BLÜHENDER LAVENDEL | CA. 2 GESTRICHENE TL GERASPELTE NATURLAKRITZE (SÜSSHOLZEXTRAKT) | 1 L GRAPPA

1. Die gewaschenen Nüsse vierteln oder in Scheiben schneiden (dabei unbedingt Gummihandschuhe tragen!) und mit allen anderen Zutaten in ein sehr großes Schraubglas füllen. Mindestens acht Wochen lang auf einer sonnigen Fensterbank ziehen lassen, dabei besonders am Anfang von Zeit zu Zeit umschütteln.
2. Den Likör abseihen, in Flaschen füllen und noch einige Zeit nachreifen lassen; er wird mit der Zeit immer besser und hält mehrere Jahre.

GELEE AUS GRÜNEN **WALNÜSSEN**

ZUTATEN FÜR CA. 500 ML:
1 KG GRÜNE WALNÜSSE, ANFANG BIS MITTE JUNI GEPFLÜCKT | 500 G GELIERZUCKER 1:3 | 10 G NATURLAKRITZSTANGE (FESTER SÜSSHOLZEXTRAKT AUS DER APOTHEKE) | CA. 40 G INGWER IN FEINEN SCHEIBEN | 1 BIOZITRONE, SCHALE HAUCHDÜNN ABGESCHÄLT | 1 STANGE ZIMT | 6 GEWÜRZNELKEN

1. Zuerst müssen die Walnüsse mit einer Nadel mehrmals eingestochen und dann vier Wochen lang in Wasser gelegt werden, welches täglich gewechselt werden muss. Wenn es sehr warm ist, muss das Wasser evtl. auch zweimal täglich ausgetauscht werden. Danach sind die Nüsse völlig schwarz.
2. Den Gelierzucker und die Naturlakritzstange in 1 Liter Wasser auflösen, die restlichen Zutaten und die Walnüsse zufügen und eine Stunde lang abgedeckt kochen lassen. Nun zerstampft man alles, streicht die Masse durch ein Sieb und kocht sie bis zur gewünschten Konsistenz.
3. Noch kochend heiß in vorbereitete Flaschen oder Gläser mit Schraubverschluss abfüllen und sofort verschließen.

Tipp: Dieses Gelee schmeckt hervorragend zu Walnusseis, würzigem Käse und als Zutat für eine Vinaigrette, die man zu einem herzhaft-fruchtigen Salat, wie z.B. dem Folgenden reicht.

KÜRBIS-GEWÜRZ-KUCHEN IM **WALNUSSMANTEL**

ZUTATEN FÜR EINE KASTENFORM:
BUTTER UND MEHL ODER SEMMELBRÖSEL FÜR DIE FORM | 2 TASSEN MEHL | 3 TL BACKPULVER | 1 TL NATRON | ½–1 TL SALZ | 1–2 TL ZIMT | ½ TASSE KRISTALLZUCKER | ½ TASSE WALNÜSSE, GEHACKT | ½ TASSE WEICHE BUTTER | 2–3 EIER | 1 TASSE BRAUNER ROHRZUCKER | 3 TASSEN KÜRBISMUS (UNGESÜSSTER PÜRIERTER KÜRBIS) | ½ TASSE BUTTERMILCH

WALNUSSMANTEL:
1250 G FRISCHKÄSE | 3 EL MELASSE (AUS DEM REFORMHAUS ODER BIOLADEN), ERSATZWEISE ZUCKERRÜBENSIRUP | 1 TL BOURBONVANILLE | 3 TASSEN PUDERZUCKER | CA. 200 G WALNUSSHÄLFTEN

1. Die Form fetten und mit Mehl oder Semmelbröseln ausschwenken. Den Backofen auf 200 °C vorheizen.
2. Mehl, Backpulver, Natron, Salz, Zimt, Kristallzucker und Walnüsse gründlich vermischen.
3. In einer zweiten Schüssel die Butter mit den Eiern cremig schlagen, nach und nach die Mehlmischung und die anderen Zutaten bis auf eine Vierteltasse Buttermilch einrühren. Diesen Teig etwa 2 Minuten auf höchster Stufe mit dem elektrischen Handmixer schlagen, die restliche Buttermilch zufügen und noch eine weitere Minute auf mittlerer Stufe weiterschlagen.
4. Den Teig in die Form füllen, glattstreichen und mindestens 45 Minuten backen. Wenn die Stäbchenprobe gelingt, den Kuchen herausnehmen und in der Form abkühlen lassen, wenn nicht, weiterbacken, bis es soweit ist. (Abhängig von der Form und vom Herd kann das noch bis zu einer halben Stunde dauern.)
5. Den Frischkäse mit dem Mixer glattrühren, die Melasse, den Vanillezucker und die Hälfte des Puderzuckers auf niedriger Stufe unterrühren, den restlichen Zucker hinzufügen und auf höchster Stufe noch mindestens eine Minute schlagen, bis die Creme sehr glatt ist.
6. Den Kuchen rundherum mit der Creme bestreichen und mit den Walnusshälften belegen.

SALAT MIT WALNÜSSEN UND
WALNUSS-VINAIGRETTE

FÜR DEN SALAT:
1 RADICCIO | 2 SALATHERZEN | 1 KLEINER BATAVIASALAT | 1–2 HÄNDE VOLL WILDE RAUKE ODER RUCOLA | 2 PFIRSICHE | 2 HÄNDE VOLL BLAUE WEINTRAUBEN | CA. 30 HALBIERTE WALNUSSKERNE | 12–16 TÊTE DE MOINE-ROSETTEN, SELBST GEDREHT ODER AN DER KÄSETHEKE DARUM BITTEN; ERSATZWEISE GEWÜRFELTEN BERGKÄSE O.Ä.

FÜR DIE VINAIGRETTE:
1 KNOBLAUCHZEHE | 1 MITTELGROSSE ROTE ZWIEBEL | 2 EL ZITRONENSAFT | 1 TL MITTELSCHARFER SENF | 2 EL FRUCHTIGER ESSIG, Z.B. HIMBEERESSIG | 3 EL WALNUSSGELEE

1. Die Salate putzen und in mundgerechte Stücke teilen, die Pfirsiche halbieren, schälen und in Spalten oder Würfel schneiden, die Weintrauben halbieren.
2. Den Knoblauch und die Zwiebel in winzige Würfel schneiden und im Dressingshaker oder einem Schraubglas mit den restlichen Zutaten gründlich schütteln, bis sich alles gleichmäßig vermischt hat.
3. Den Salat schön mit den Walnusskernen und den Käserosetten anrichten und mit der Vinaigrette beträufelt servieren.

Weißdorn

CRATAEGUS MONOGYNA, CRATAEGUS LAEVIGATA

SYNONYME:	MEHLBEERE, HAGÄPFLI, HAGEDORN, HÄGELE, HAGEWIEPKES, HECKENDORN, WIBELKEN, WUBBELKEN, ZAUNDORN, SAUERRAUCH, SCHLAFBAUM
FAMILIE:	ROSENGEWÄCHSE
WUCHSHÖHE:	3–10 M
BLÜTE:	APRIL BIS JUNI
FRUCHTREIFE/SAMMELZEIT:	ENDE AUGUST BIS OKTOBER
VORKOMMEN:	AN WALDRÄNDERN UND FELSIGEN HÄNGEN, IN GEBÜSCHEN UND HECKEN

Aussehen und Anbau Wie gut, dass es den Weißdorn gibt! Er ist in über hundert unterschiedlichen Arten und Mischformen fast auf der gesamten nördlichen Erdhalbkugel anzutreffen und wird in vielen Kulturen – unter anderem wegen seiner Heilwirkung – hoch geschätzt. Hierzulande zählen der Eingrifflige und der Zweigrifflige Weißdorn zu den bekanntesten Vertretern. Alle wachsen als dornenbewehrte Großsträucher oder Bäume, die im hohen Alter malerisch-charaktervolle Wuchsformen annehmen. Weißdorne können bis 500 Jahre alt werden. Ihre Blätter glänzen sattgrün und sind je nach Art mehr oder weniger gelappt, häufig sogar bis zur Mittelrippe eingekerbt. In endständigen Schirmrispen angeordnet, bedecken die fünfzähligen, weißen Blüten ab Ende April die Weißdorne mit leuchtender Pracht. Je nachdem, ob sie einen oder zwei Griffel aufweisen, findet man später in den oft nur erbsengroßen Früchten einen oder zwei kleine Kerne. Sie sehen roten Miniaturäpfeln ähnlich, einige sind eher länglich oval, andere rund.
Heimische Weißdornarten sind sehr anpassungsfähig, bevorzugen jedoch kalkhaltige, nährstoffreiche und tiefgründige Böden in sonnigen Lagen und eignen sich sowohl für dicht wachsende Heckeneinfassungen als auch als Solitärbaum in großen Gärten. Leider wird er gerne von Schädlingen und Krankheiten – auch dem gefährlichen Feuerbrand – befallen. Deshalb ist es ratsam, Weißdorn in einigem Abstand zu Obstbäumen zu pflanzen und betroffene Äste sofort herauszuschneiden und zu vernichten.

Verwendung in der Küche Die Früchte des Weißdorns können zwar roh gegessen werden, schmecken aber eher säuerlich, fade und mehlig. Gewürzt und zusammen mit anderen Früchten kocht man daraus jedoch schmackhafte Suppen, Soßen, Chutneys, Marmeladen und Gelees. Auch Säfte, Sirup und Liköre schmecken gut, wenn sie mit anderen Früchten kombiniert werden. Zu Mus gekocht oder getrocknet und zu Mehl vermahlen, werden die Beeren des Weißdorns in Früchtebroten und Kuchen mitgebacken. Junge Weißdorntriebe können mit ihrem nussigen Aroma Frühlingssalate bereichern oder, mit Käse überbacken, auf Toast feinwürzig überraschen.

Die Blütenknospen werden als falsche Kapern eingelegt oder auch kandiert. Als essbare Dekoration und in Desserts verarbeitet, verbreiten die Blüten zart-aromatischen Frühlingsduft.

Heilwirkungen Die Früchte enthalten so wertvolle Stoffe wie oligomere Procyanidine, Flavonoide, Anthocyane, Gerbstoffe, Sterole, Pektin, Eiweiß, Mineralstoffe sowie reichlich Vitamin C. In den Blättern und Blüten ist der Anteil an Flavonoiden sogar noch wesentlich höher.

Als Wirkstoffkomplexe in Weißdornpräparaten unterstützen sie die Herzfunktion und werden sowohl in der Naturheilkunde als auch in der Schulmedizin zur Prävention und Therapie von leichten Formen der Herzinsuffizienz und altersbedingter Herzschwäche verordnet. Im Gegensatz zu schnell und stark wirksamen Herzmedikamenten, wie beispielsweise Digitalis-Präparaten, sind Weißdornzubereitungen nebenwirkungsfrei, müssen aber über einen längeren Zeitraum eingenommen werden. Besonders im Alter steigert Weißdorn das körperliche und geistige Allgemeinbefinden und trägt so zu einer höheren Lebensqualität bei. Auch bei leichten Durchblutungsstörungen, Kreislaufschwäche sowie nervösen Unruhezuständen mit Schlafstörungen und Herzrasen wirkt Weißdorn stabilisierend.

Nach überstandenen Infektionskrankheiten, im Ausdauer- und im Hochleistungssport sorgt Weißdorn für eine bessere Durchblutung des Herzens und verbessert die Sauerstoffversorgung. Bei grippalen Infekten ist ein Teeaufguss aus getrockneten Weißdornblättern und -früchten zusammen mit Holunderblüten, Thymian und Mädesüßkraut empfehlenswert.

Wissenswertes Schon im späten Mittelalter kannte man die wohltuende Wirkung von Weißdornbeerenwein auf das menschliche Herz. Doch erst in der Mitte des 19. Jahrhunderts entdeckte der irische Arzt Dr. Green die Wirkung von Weißdorn auf das Herz-Kreislauf-System neu und verhalf ihm zu seinem wichtigen Platz in der Naturheilkunde.

Ausgrabungsfunde belegen, dass die kohlehydratreichen Weißdornbeeren schon seit Jahrtausenden zu Brei gekocht als Stärkungsmittel und Mehlersatz dienten. Weißdornhecken wurden als lebendiger Zaun um Felder und Höfe gepflanzt, in dessen Schutz Menschen und Tiere ruhig schlafen konnten. Daher auch die Namen Hagedorn (»haga« bedeutet im Altgermanischen Hecke) und Schlafbäumchen. Der botanische Name »Crataegus« leitet sich aus dem Griechischen ab. »Krataios« heißt »stark« und bezieht sich auf das besonders harte Holz. Aus ihm wurden magische Schutzstäbe geschnitten, mit deren Hilfe Dämonen und der böse Zauber des Hageweibs, einer in Hecken hausenden Hexe, abgewehrt werden sollten. Heute wird das rote Holz für Drechselarbeiten, für Werkzeugstiele und Spazierstöcke gebraucht.

Die gefüllt blühenden roten Zierformen, die Rotdorne, sehen zwar schön aus, tragen aber keine essbaren Früchte und sind als Nahrungsquelle für Vögel und Kleintiere vollkommen nutzlos.

Für alle Rezepte, in denen Weißdornbeeren als Mus gekocht verwendet werden, gilt folgender Richtwert: 1,5 Kilogramm Beeren werden mit 800 Milliliter Wasser in einer halben Stunde weichgekocht und anschließend durch ein Sieb gerührt. Man erhält ca. 1 Liter Fruchtmus, das entweder sofort weiterverarbeitet wird oder zur späteren Verwendung eingefroren oder eingekocht werden kann. Spült man noch anhaftende Spelzen von den übrig gebliebenen Kernen mit reichlich Wasser ab, können Letztere getrocknet und aufbewahrt werden. Frisch geröstet und mit kochendem Wasser übergossen, erhält man nach 15 Minuten Ziehen einen angenehm mildwürzig schmeckenden Tee.

HERZLIKÖR

ZUTATEN FÜR CA. 500 ML:
200 G WEISSDORNBEEREN, ANGEQUETSCHT | ½ TASSE VOLL WEISSDORNKERNE, GERÖSTET | JE 2 ZWEIGE ZITRONENMELISSE UND LAVENDEL | 1 ZIMTSTANGE | 1 UNBEHANDELTE ZITRONE, ABGERIEBENE SCHALE | 100 G KANDISZUCKER | 700 ML WODKA

Alle Zutaten in ein Glasgefäß füllen und mindestens sechs Wochen ziehen lassen. Anschließend den Likör abfiltern und noch zwei bis drei Monate reifen lassen.

JOGHURT-**WEISSDORNGUGELHUPF** MIT BACKPFLAUMEN UND HONIG

ZUTATEN FÜR CA. 20 STÜCKE:
BUTTER UND SEMMELBRÖSEL FÜR DIE FORM | 200 G GRIECHISCHER SAHNE-JOGHURT | 150 G WEISSDORNMUS | 1–2 TL ZIMT | 150 G WEICHE BUTTER | 180 G ZUCKER | 1 PRISE SALZ | 4 EIER | 100 G GETROCKNETE PFLAUMEN (BACKPFLAUMEN), KLEIN GEHACKT | 200 G MEHL | 1 PK. BACKPULVER | CA. 100 G HONIG | 1–2 ZITRONEN (SAFT) | EVTL. GEHACKTE PISTAZIENKERNE

1. Eine Gugelhupfform mit Butter fetten und mit Semmelbröseln ausschwenken. Den Backofen auf 180 °C vorheizen. Den Joghurt mit dem Weißdornmus (es sollte in etwa die gleiche Konsistenz wie der Joghurt haben) und dem Zimt verrühren.

2. Die Butter mit dem Zucker und dem Salz schaumig rühren, die Eier einzeln nacheinander und die Joghurtmasse unterrühren.

3. Bis auf etwa 2 EL die Pflaumen mit dem Mehl und dem Backpulver vermischen, ebenfalls unterrühren, den Teig in die Backform füllen und glatt streichen. Im vorgeheizten Ofen etwa 50 Minuten backen. An einem eingestochenen Holzspieß sollten kaum noch Krümel haften.

4. Den Kuchen in der Form etwa 15 Minuten abkühlen lassen. In der Zwischenzeit den Honig mit dem Zitronensaft aufkochen. Den Kuchen stürzen, mehrmals mit einem Holzspieß einstechen und mit dem Zitronenhonig beträufeln. Die restlichen Backpflaumen und Pistazienkerne über den Kuchen streuen.

SCHMORTOPF MIT **WEISSDORNMUS** UND KÜRBIS

ZUTATEN FÜR 4 PORTIONEN:
3 EL OLIVENÖL | 800 G KALBSHAXE, IN SCHEIBEN GESCHNITTEN | 2 ZWIEBELN, KLEIN GEWÜRFELT | 2 KNOBLAUCHZEHEN, GEHACKT | 1 STÜCK INGWER, ETWA 2–4 CM, GERIEBEN | 1–2 CHILISCHOTEN JE NACH GESCHMACK UND SCHÄRFE, KLEIN GEHACKT | 3 MÖHREN, IN KLEINSTE WÜRFEL GESCHNITTEN | SALZ UND PFEFFER | 400 ML WEISSDORNMUS | 200 ML APFELDIREKTSAFT | 200 ML ORANGENDIREKTSAFT | 3 KARDAMOMKAPSELN | 700 G KÜRBISFRUCHTFLEISCH, Z.B. MUSKATKÜRBIS, IN WÜRFEL GESCHNITTEN | NACH BELIEBEN GETROCKNETE APRIKOSEN, KLEIN GESCHNITTEN | 1 GROSSE HAND VOLL ORIENTALISCHE MINZE, KLEIN GEWIEGT

1. Den Backofen auf 140-160 °C vorheizen. Das Öl in einem Schmortopf erhitzen, die Kalbshaxenscheiben von beiden Seiten darin schön braun anbraten und wieder herausnehmen.

2. Das vorbereitete Gemüse ebenfalls im Schmortopf anschwitzen, bis es leicht Farbe angenommen hat, und das Fleisch dann wieder dazugeben. Alles mit Salz und Pfeffer würzen.

3. Nacheinander das Weißdornmus, den Apfel- und den Orangensaft unterrühren und die Kardamomkapseln zufügen. Wenn alles wieder kocht, das Gericht ca. 60 Minuten abgedeckt in der Backröhre schmoren lassen.

4. Wenn vorhanden, alles auf vier Keramikgefäße mit Deckel aufteilen. Die Kürbiswürfel und die Aprikosen zufügen, das Gericht in etwa 20-30 Minuten fertig schmoren, abschmecken und mit Minze bestreut servieren.

Tipp: Dazu passt knuspriges Vollkornbaguette.

Wild- und Zieräpfel

MALUS SYLVESTRIS, MALUS FLORIBUNDA

SYNONYME:	HOLZAPFEL, APPELSCHE, APFELEN
FAMILIE:	ROSENGEWÄCHSE
WUCHSHÖHE:	3–5 M ALS STRAUCH, BIS ZU 10 M ALS BAUM
BLÜTE:	APRIL BIS MAI
FRUCHTREIFE/SAMMELZEIT:	SEPTEMBER BIS NOVEMBER
VORKOMMEN:	WILDÄPFEL VEREINZELT IN AUEN UND LICHTEN WÄLDERN, IN HECKEN UND GEBÜSCHEN, ZIERÄPFEL IN GRÜNANLAGEN UND GÄRTEN

Aussehen und Anbau Echte Wildäpfel sind nur noch selten zu finden, und auch viele der seit Jahrhunderten kultivierten, urtümlichen heimischen Sorten sind zu Raritäten geworden. Dabei tragen nicht alle von ihnen saure, hutzlige und trockene Früchte. Auch wenn herb würzig ihre Hauptgeschmacksrichtung ist, überzeugen einige von ihnen mit aromatischer Süße und hohem Saftgehalt. Vor allem aber sind sie robuster und kälteverträglicher als die meisten heute gängigen Kultursorten. Holzäpfel und der Wildform nahekommende Sorten erkennt man an ihren kleinen Früchten von meist nur etwa drei Zentimetern Durchmesser mit kleinem Kerngehäuse. Die Stängel der stumpfen, dunkelgrünen Blätter sind nicht oder wenig behaart, Äste und Zweige enden meist in dornigen Kurztrieben. Die hübschen weiß-rosa Blüten der Apfelbäume können sich nur schwer selbst befruchten und sind dabei auf die Hilfe von Bienen angewiesen.
Aus den weltweit etwa 35 verschiedenen Wildapfelarten wurden neben den Sorten zur Obstgewinnung auch verschiedenste Zieräpfel gezüchtet. Mit vielen unterschiedlichen Laubfärbungen, Blütenfarben von Weiß über Zartrosa bis Dunkelblau und Rötlich und Früchten, deren Farbpalette von Gelbgrün über Orange bis Purpurrot reicht, setzen sie attraktive Akzente in Grünanlagen und Gärten. Während manche Äpfelchen schon im September abfallen, bleiben andere bis in den Winter hinein an den Zweigen hängen und bieten gerade in der Vorweihnachtszeit einen reizvollen Blickfang. Sie gedeihen auf jedem Gartenboden, wobei sie für mittelfeuchte, gut durchlüftete Lehmböden in sonniger Lage besonders dankbar sind. Sie eignen sich auch für kühle Gegenden und als Kübelpflanze. Besonders viele Früchte bilden sich, wenn sich zwei oder mehrere Pflanzen gegenseitig befruchten. Wurzelechte Wildformen lassen sich durch Aussaat vermehren, alle anderen Sorten müssen veredelt werden.

Verwendung in der Küche Viele der kleinen Holz- und Zieräpfel sind zwar roh verzehrt kein besonderer Genuss, sie liefern jedoch aromatische Säfte und lassen sich zusammen mit Zwiebeln, Salbei, Majoran, Kardamom oder auch Meerrettich bestens zum Kochen verwenden. Getrocknet ergänzen sie Früchtetees oder

bringen Abwechslung ins Müsli. Ihr Pektingehalt ist höher als der von herkömmlichen Apfelsorten, weshalb sie sich hervorragend für die Zubereitung von aromatischen Gelees und Marmelade eignen. Nach einem georgischen Klosterrezept durchziehen Wildäpfel erst eine Nacht in trockenem Weißwein, bevor sie zu Konfitüre verarbeitet werden. Eingelegt in Calvados sind Zieräpfel ein schönes Mitbringsel und für Cocktails bestens zu empfehlen.

Heilwirkungen Mit den Vitaminen A, B und C, Gerb-, Ballast- und sekundären Pflanzenstoffen, Spurenelementen, Fruchtsäuren und Pektin sind Wildäpfel einer Apotheke in Kleinstformat gleichzusetzen. Da viele der gesunden Stoffe wie bei ihren großfruchtigen Brüdern direkt unter der Schale sitzen, sollte diese immer mitgegessen werden. Mit Trauben- und Fruchtzucker, Pektin und Ballaststoffen vertreiben auch die kleinen Äpfel plötzliche Hunger- und Müdigkeitsattacken schnell und nachhaltig. Sie wirken in jeder Hinsicht verdauungsregulierend. Gerieben werden sie besonders bei Kindern gern gegen Durchfall verabreicht. Hildegard von Bingen verwendete den Saft aus jungen Blättern und Trieben für Umschläge und Wickel bei Glieder-, Leib- und Kopfschmerzen. Für Gesunde und Kranke sollten gekochte und gebratene Äpfel gleichermaßen bekömmlich sein. Wer regelmäßig Äpfel verzehrt – auch von den größeren Sorten lieber mehr als einen pro Tag – erhöht damit sein Konzentrationsvermögen und die Chancen auf erholsamen Schlaf. Neueste Forschungsergebnisse weisen darauf hin, dass die Inhaltsstoffe von Äpfeln sogar neurodegenerativen Erkrankungen wie Alzheimer und Parkinson entgegenwirken.

Wissenswertes Die Urform des seit tausenden Jahren kultivierten Apfels (*Malus domestica*) ist neuesten Erkenntnissen der Genforschung zufolge der Asiatische Wildapfel (*Malus sieversii*). Mit einem Durchmesser von bis zu sieben Zentimetern lässt dieser die größten Früchte aller wilden Apfelarten reifen. In dichten Wäldern wächst er bis zu 30 Meter hoch und kann mehrere hundert Jahre alt werden. Die ältesten Vorkommen dieser Art stammen aus Kasachstan, dessen frühere Hauptstadt den Namen Alma Ata – »Vater der Äpfel« – trägt. Dort wachsen seit vielen Millionen Jahren Äpfel in verschiedenen Variationen. Auf ihrer Reise, die sie gemeinsam mit den Bauern der Jungsteinzeit nach Europa führte, gingen einige ihrer ursprünglichen Eigenschaften teilweise oder ganz verloren. Eine davon ist die erstaunlich hohe Resistenz gegenüber Krankheiten, besonders gegen den Schorf. Dieser ist eine der gefürchtetsten Krankheiten beim Anbau von Tafeläpfeln, die von dem Pilz *Venturia inaequalis* hervorgerufen wird. Anfällige Sorten müssen deshalb jährlich bis zu zehnmal mit Fungiziden gespritzt werden. Heute nutzen Wissenschaftler die Erkenntnisse aus Kulturen der ursprünglichen Arten und Kreuzungen alter resistenter Sorten zur Züchtung von Äpfeln für den Bioanbau, die von Natur aus vor Schorf geschützt sind.

Zieräpfel und alte Wildsorten sind eine wertvolle Bienenweide und befruchten mit ihrem Pollen auch Kulturapfelsorten. Zahlreiche andere Insekten werden von den duftenden Blüten angelockt und über 30 Säugetierarten ernähren sich von den Triebspitzen, Blättern und Früchten. Letztere sind natürlich auch bei Vögeln äußerst beliebt, die gerne ihr Nest in den dichten Zweigen der Apfelbäume bauen.

WILDFRUCHTESSIG AUS GEMISCHTEN WILDFRÜCHTEN

ZUTATEN FÜR CA. ½ LITER:
CA. 1 KG GEMISCHTE WILDFRÜCHTE (WILD- UND ZIERÄPFEL, SCHLEHEN, BERBERITZEN, SANDDORNBEEREN, HAGEBUTTEN, WEISSDORNBEEREN, KORNELKIRSCHEN, APFELBEEREN, HOLUNDER, PREISELBEEREN ETC.) | JE 1 ZWEIG THYMIAN, ROSMARIN, SALBEI UND BERGBOHNENKRAUT | 2–3 EL KANDIS ODER BRAUNER ROHRZUCKER | CA. 1,5 L APFELESSIG

1. Die Früchte abwechselnd in ein großes Glas schichten oder auf mehrere kleine aufteilen. Die Kräuter und den Zucker zufügen und mit dem Essig aufgießen. Mindestens zehn Wochen durchziehen lassen.
2. Danach die Früchte abtropfen lassen, die Kräuter entfernen und die Früchte durch ein Sieb streichen. Das Fruchtmus mit dem aufgefangenen Essig vermischen und alles in dunkle Flaschen abfüllen.

Tipp: Auf ähnliche Weise lässt sich ein Likör oder Wildfruchtrumtopf herstellen. Dafür gießt man die Früchte nach Wunsch mit Alkohol auf, fügt etwas mehr Zucker und anstelle der Kräuter die Schalen von Zitrusfrüchten, Zimtstangen und Vanille zu.

APFEL-ZWIEBEL-GEMÜSE
MIT GEBRATENER BLUTWURST

ZUTATEN FÜR 4 PORTIONEN:
2 EL RAPSÖL | 4 EL BUTTER | 4 GROSSE ZWIEBELN, IN SPALTEN GESCHNITTEN | 800 G ÄPFEL, IN SPALTEN GESCHNITTEN UND VOM KERNGEHÄUSE BEFREIT | 4 GROSSE SALBEIBLÄTTER, KLEIN GEWIEGT | JE 2 EL KLEIN GEWIEGTE THYMIAN- UND MAJORANDLÄTTCHEN | SALZ | ½–1 EL CURRY | CA. 50 ML RIESLING | 400–500 G LUFTGETROCKNETE BLUTWURST MIT WENIG SPECK

1. Das Öl mit 2 EL Butter erhitzen, die Zwiebeln darin glasig schwitzen, die Äpfel, drei Viertel der Kräuter und die Gewürze zufügen und unter gelegentlichem Umrühren ca. 15 Minuten bei mittlerer Hitze sachte braten. Ab und zu einen Schluck vom Riesling angießen - er rundet den Geschmack ab und sorgt gleichzeitig dafür, das nichts anbrät.
2. Die Blutwurst schälen und in ½ Zentimeter dicke Scheiben schneiden. Die restliche Butter erhitzen, die Blutwurst darin unter gelegentlichem Wenden leicht kross braten und mit den restlichen Kräutern würzen.

Tipp: Dazu Kartoffelbrei servieren.

WEIHNACHTLICHER APFELLIKÖR MIT CRANBERRIES

ZUTATEN FÜR ½ LITER:
750–1000 G ZIERÄPFEL, GEVIERTELT | 200 G GETROCKNETE CRANBERRIES | 1 AUFGESCHLITZTE VANILLESTANGE | 2 STERNANIS | 3 STANGEN ZIMT | CA. 250 G WEISSEN KANDIS | ¾ L WODKA ODER GRAPPA

1. Alle Zutaten in ein großes Schraubglas füllen, gelegentlich umschütteln und bis zur Adventszeit durchziehen lassen.
2. Den Likör abfiltern und in schöne Flaschen füllen, selber genießen oder verschenken.
3. Die Früchte durch ein Sieb streichen und als Apfelmus mit Eierlikör zu Vanilleeis genießen oder mit Sahnemeerrettich zu Fisch und Braten reichen.

Tipp: Durch den Alkohol ist das Apfelmus im Kühlschrank einige Wochen haltbar.

Zwetschge

PRUNUS DOMESTICA SUBSP. DOMESTICA

SYNONYME:	ZWETSCHE, ZWETSCHKE, QUETSCHE, HAUSPFLAUME, BAUERNPFLAUME
FAMILIE:	ROSENGEWÄCHSE
WUCHSHÖHE:	4–10 M
BLÜTE:	MAI
FRUCHTREIFE/SAMMELZEIT:	MITTE SEPTEMBER BIS MITTE OKTOBER
VORKOMMEN:	AUF ALTEN OBSTWIESEN, AN STRASSEN- UND WEGRÄNDERN, IN GÄRTEN

Aussehen und Anbau Zugegebenermaßen kann man sich darüber streiten, ob Zwetschgen zu den Wildfrüchten zählen, aber Echte Zwetschgen, wie sie sein sollten, nämlich richtig süß, findet man in Läden und auf Märkten nur äußerst selten. Nichtsdestotrotz werden sie gar mit Pflaumen »in einen Topf geworfen«. Es ist ja auch sehr verwirrend, dass der übergeordnete Begriff für alle Pflaumen, Mirabellen, Renekloden und eben auch Zwetschgen »Pflaume« heißt. Und als wäre das nicht schon unübersichtlich genug, haben Pomologen (Baumkundler) die Pflaumen früher in zehn verschiedene Gruppen unterteilt. Um die Zuordnung etwas einfacher zu gestalten, spricht man heute von Rundpflaumen, Halbzwetschgen und Echten Zwetschgen.
Letztere unterscheiden sich von ihren Verwandten durch eine sich zum Stiel und zum Stempelpunkt spitz verjüngende, länglich ovale Form, kleinere Früchte, spätere Reife und niedrigeren Saftgehalt. Ihre Steine lassen sich leicht vom grünlich-dunkelgelben Fruchtfleisch lösen. Und das Wichtigste: Im Unterschied zu den Halbzwetschgen, deren bekannteste Vertreter die »Bühler Zwetschgen« sind, schmecken sie nicht nur roh süß, sondern auch gekocht, so dass man Kuchen, Kompott und Mus nur wenig oder gar keinen Zucker zufügen muss. Echte Zwetschgen sind unter anderen die »Italienische Zwetschge« und die würzig aromatischen »Hauszwetschgen«, von denen es wiederum verschiedene Sorten und regionale Unterarten gibt. Sie werden seit dem Mittelalter in Deutschland angebaut, haben keine besonderen Standortansprüche, bevorzugen aber warme, leicht feuchte Böden. Einige der alten Sorten tragen Dornen. Die tief dunkelblaue Haut der Zwetschgen ist von einem starken, weißen Duftfilm überzogen, der die Früchte vor Austrocknung schützt. Die ovalen, gekerbten Blätter und die fünfzähligen, weißen Blüten entwickeln sich gleichzeitig. Leider sind Zwetschgen sehr anfällig für die Scharka-Krankheit, eine Virusinfektion, die zu einem starken, vorzeitigem Abfall der Früchte führt.

Verwendung in der Küche Kenner wissen, dass Zwetschgen erst dann perfekt sind, wenn sie am Stielende schon etwas schrumpelig werden und eventuell

sogar schon den ersten Frost abbekommen haben. Sie lassen sich im Kühlschrank (in Papiertüten) oder im Keller noch bis zu eine Woche lagern, dann sollten sie aufgegessen oder verarbeitet sein. Ein Herbst ohne Zwetschgenkuchen ist für mich unvorstellbar, und der sollte mit Hefeteig und Streuseln oder Rahmguss gebacken sein. Später kann man ja noch andere Rezepte probieren. Und natürlich braucht man einen Vorrat an Zwetschgenmus, das in der Fettpfanne des Backofens leicht gelingt. Ob man es pur, mit Zimt oder Gewürzen vorzieht – eine Mischung, wie man sie für Lebkuchen nimmt, passt sehr gut –, ist reine Geschmackssache. Das richtige Aroma bekommt das Mus, wenn man eine grüne Walnussschale mitkocht! Zwetschgen lassen sich problemlos einfrieren, trocknen oder einkochen, ergeben ein leckeres Kompott, das besonders zu Hefeklößen und Milchreis passt und schmecken in Rotwein oder süßsauer eingelegt zu Wildgerichten. Natürlich kann man die Zwetschgen auch für Likör oder Obstbrand verwenden.
Will man größere Mengen entsteinen, empfiehlt es sich, dünne (medizinische) Gummihandschuhe zu tragen, sonst hat man noch tagelang gelblichbraune Finger und hässliche Ränder an den Nägeln. Mit einem kurzen spitzen Messer schlitzt man die Zwetschgen längs zur Hälfte auf, dann lässt sich der Kern leicht herausdrücken.

Heilwirkungen Das harmonische und umfangreiche Angebot an Vitaminen, Mineralstoffen, Spurenelementen und sekundären Pflanzenstoffen ist für den hohen Gesundheitswert der Zwetschgen – wie auch aller anderen Pflaumen – verantwortlich. Die Vitamine A, C, E und K sowie fast alle Vitamine der B-Gruppe sind ebenso enthalten wie die Mineralstoffe Eisen, Zink, Kalium, Kalzium, Phosphor und Magnesium, die Spurenelemente Bor, Zink und Kupfer sowie Polyphenole und andere Antioxydantien. So sind sie ein natürliches Mittel zur Vorbeugung von Herz-Kreislauf- und Krebserkrankungen, sorgen für einen gesunden Knochenstoffwechsel, helfen bei nervöser Unruhe, Stress und der Regulierung des Blutdrucks und stärken die Muskelfunktion.
Außerdem sind Zwetschgen äußerst reich an Ballaststoffen und Pektin und zählen getrocknet zu den klassischen Verdauungshelfern bei Verstopfung. Dafür weicht man abends fünf bis zehn Stück in Wasser ein und nimmt sie dann am nächsten Morgen als Erstes mitsamt dem Einweichwasser zu sich. Alternativ wirken Mus oder Saft fast genauso gut und werden besonders von Kindern bevorzugt.

Wissenswertes Dass es Echte Zwetschgen so selten zu kaufen gibt, liegt einerseits daran, dass sich der erwerbsmäßige Anbau wegen der erst spät einsetzenden Erträge und der Krankheitsanfälligkeit der Bäume kaum lohnt. Zum anderen würden sie den scharfen Bewertungsrichtlinien der Handelsorganisationen wohl nicht genügen. Wegen der strengen Vorschriften werden auch die Halbzwetschgen, die vermarktet werden sollen, oft noch halb grün und hart gepflückt.
Über die Herkunft der Zwetschgen gibt es nur unsichere Angaben. Es wird berichtet, dass Kreuzfahrer in der Mitte des 12. Jahrhunderts nach einer verlorenen Schlacht wenigstens Zwetschgen von Damaskus nach Mitteleuropa brachten. Auch im Alten Ägypten waren die wohltuenden Früchte bekannt, man fand sie gedörrt im Grab des Kha, einem der Erbauer von Theben.
Eine schöne Tradition, die vor allem in Franken und Thüringen beheimatet ist, sind sie »Zwetschgenmännle«, die in regional unterschiedlichen Ausprägungen aus getrockneten Zwetschgen, anderen Trockenfrüchten und Walnüssen gebastelt und verschenkt werden. Dieser Brauch geht bis ins 16. Jahrhundert zurück, als die auf Draht gesteckten Trockenfrüchte als Kinderspielzeug dienten. Später bekam ein als Geschenk überreichtes Männlein verschiedene Bedeutungen: Wurde es unter Liebespaaren verschenkt und angenommen, stand der Beziehung nichts mehr im Wege, zu Weihnachten überreicht, sollte es Glück und Geld im Hause halten, und als Schornsteinfeger ausgestattete Zwetschgenmännle sind noch heute ein Glücksbringer zu Silvester. Auf dem Nürnberger Christkindlesmarkt findet man Hunderte verschiedene zum Teil sehr liebevoll und kreativ gestaltete Exemplare dieser seltenen Spezies.

PIKANTER **ZWETSCHGENDIP** ZU KOKOSCREPES UND GEBRATENER ENTENBRUST

ZUTATEN FÜR 4 PORTIONEN UND EINEN KLEINEN VORRAT ZWETSCHGENDIP:
1–1,5 KG SEHR REIFE ZWETSCHGEN | 1 STÜCK INGWER, WALNUSSGROSS, KLEIN GEHACKT ODER GERIEBEN | 2 TL GEMAHLENER KORIANDERSAMEN | ½–1 TL GEMAHLENER BUNTER PFEFFER | 1 GEHÄUFTER TL ZIMT | 6 TL REISESSIG ODER BALSAMICO | 1 GROSSE ODER 2 KLEINE ENTENBRÜSTE | 6–8 EL TERIYAKIMARINADE (ASIALADEN) | SALZ | 1 TL GETROCKNETE, GEMAHLENE CHILI | 200 ML ENTENFOND | 4 EIER | 400 ML KOKOSMILCH | 150 G MEHL | ERDNUSS- ODER SESAMÖL ZUM BRATEN | ½ BUND KORIANDERGRÜN

1. Die Zwetschgen halbieren, entkernen und evtl. in kleine Stücke schneiden. In der Fettpfanne bei mittlerer Hitze zu Mus kochen. Dabei immer wieder umrühren und evtl. etwas Wasser zufügen. Wenn die gewünschte Konsistenz erreicht ist, fügt man die Gewürze und den Essig zu, schmeckt noch mal ab und füllt das Mus in vorbereitete Schraubgläser.
2. Die Backröhre auf 80 °C vorheizen. Die Haut der Entenbrust rautenförmig einschneiden. Die Teriyakimarinade mit Salz und Chili mischen, die Entenbrust damit einreiben und auf der Hautseite zuerst rundherum anbraten. Den Fond angießen und in 1 ½ Stunden in der Backröhre fertig garen.
3. Die Eier mit der Kokosmilch verschlagen, das Mehl unterrühren und im heißen Öl Crepes backen. Das Koriandergrün fein wiegen, die Crepes mit Zwetzschgendip bestreichen und mit Koriander bestreut zur Entenbrust servieren.

Tipp: Der pikant fruchtige Dip passt auch zu Pekingente mit Frühlingszwiebeln und Mehlfladen.

Anhang

Sammel- und Küchentipps

- Der kluge Liebhaber von Wildfrüchten legt schon im zeitigen Frühjahr den Grundstein für erfolgreiches Sammeln und Ernten: Auf Spaziergängen und Wanderungen erkennt er mit offenen Augen etliche der späteren Sammelstellen, denn mit den ersten Strahlen der Frühlingssonne öffnen Sträucher und Bäume nach und nach ihre markanten Blüten. Diese erleichtern das Zuordnen zu einer bestimmten Art immens, besonders deutlich erlebt man das bei den Kornelkirschen, den Felsenbirnen oder den Edelkastanien. Von März bis Mai reicht die Zeitspanne, in der die Voraussetzungen für die Neupflanzung einer Wildfruchthecke oder die Anlage eines Naturgartens besonders günstig sind.
- Die Zeiträume für die Ernte sind bei einigen Wildfrüchten sehr begrenzt und abhängig von den örtlichen Witterungsbedingungen. Die genaue Beobachtung der Vorgänge in der Natur schafft einen zusätzlichen Vorteil, um den besten Erntezeitpunkt abzupassen.
- Außer in Naturschutzgebieten, an viel befahrenen Straßen und auf belasteten Flächen darf überall gepflückt werden. Aber bitte immer nur so viel, wie man auch verbrauchen kann, und niemals alle Früchte abernten. Schließlich sind sie Futterquelle für viele Tierarten, denen oft genug das Überleben schwer gemacht wird. Für das eigene Überleben ist es unerlässlich, dass man nur die Früchte erntet, die man vorher zweifelsfrei bestimmt hat.
- Besonders weiche Beeren saugen sich bei anhaltendem Regenwetter leicht mit Wasser voll; sie sind dann höchstens zum Naschen geeignet. Größere Mengen sammelt man dann besser erst, nachdem es ein paar Tage trocken war. Pflücken Sie nur gesunde und saubere Früchte! Für den Transport nach Hause eignen sich entweder luftige Körbe oder Stoffbeutel. Für kleine Beeren sind stabile, verschließbare Gefäße sehr zu empfehlen, denn schon ein kleines Missgeschick reicht aus, und die gesamte Ernte ist verloren.
- Zu Hause angekommen, ist es ratsam, die Ernte noch einmal zu kontrollieren und schadhafte Früchte sowie Blätter und Fremdkörper auszusortieren. Leicht verderbliche Früchte werden idealerweise am selben Tag verarbeitet, ansonsten friert man sie besser ein. Gerade für alle Beeren gilt: Die Früchte erst einzeln, auf einem Brett ausgebreitet, gefrieren lassen. So können sie später in Beuteln gelagert werden, ohne zu zerdrücken, und portionsweise wieder entnommen werden. In kleinen Dosen eingefrorenes Fruchtmus ist zum Einrühren in Quarkspeisen und Joghurt und für sahnige Tortenfüllungen sehr willkommen.
- In vielen Rezepten werden aufgeschlitzte Vanillestangen verwendet. Gerade solche, die zur Aromatisierung von Likör verwendet wurden, können nach ihrem ersten Einsatz getrocknet werden. In Stücke geschnitten und zusammen mit feinem Zucker in einem Schraubglas aufbewahrt, sorgen sie jederzeit für einen ausreichenden Vorrat an Vanillezucker.
- Der Fruchtansatz für Liköre ist viel zu schade, um weggeworfen zu werden. Zu Mus gerührt, schmecken die vollgesogenen Früchte lecker zu Eis und Kuchen, ganze Früchte garnieren Desserts und portionsweise zusammen mit Tee überbrüht, schenken sie diesem ein besonderes Aroma.
- Für alle Zubereitungen, die als Vorrat aufbewahrt werden sollen, gilt folgender Tipp: Beschriften Sie die Gläschen, Flaschen und Dosen sofort! Besonders schöne Etiketten können auch nachträglich ergänzt werden. Mit einem wasserfesten Stift lassen sich Gläser auch direkt beschreiben.

Erntetabelle

Pflanze	März	April	Mai	Juni	Juli	August	September	Oktober	November
Berberitze	–	–	–	–	–	Frucht	Frucht	Frucht	Frucht
Brombeere	–	Triebspitzen, junge Blätter	Triebspitzen, junge Blätter	Triebspitzen, junge Blätter	Triebspitzen, junge Blätter, Frucht	Triebspitzen, junge Blätter, Frucht	Triebspitzen, junge Blätter, Frucht	Frucht	–
Esskastanie	–	–	–	–	–	–	Frucht	Frucht	–
Felsenbirne	–	–	–	Frucht (Kupferfelsenbirne)	Frucht (Kupferfelsenbirne)	Frucht (Gewöhnliche Felsenbirne)	Frucht (Gewöhnliche Felsenbirne)	Frucht (Gewöhnliche Felsenbirne)	–
Hagebutte, Wildrosen	–	–	Blüte	Blüte	Blüte	Frucht	Frucht	Frucht	
Heidelbeere	–	–	–	junge Blätter	Frucht	Frucht	–	–	–
Himbeere	–	–	junge Blätter	junge Blätter, Frucht	junge Blätter, Frucht	junge Blätter, Frucht	junge Blätter, Frucht	Frucht	–
Holunder	–	–	Blüte	Blüte	–	Frucht	Frucht	–	–
Kornelkirsche	–	–	–	–	–	Frucht	Frucht	–	–
Maulbeere	–	–	–	Frucht (weiße Maulbeere)	Frucht (weiße Maulbeere)	Frucht (schwarze Maulbeere)	Frucht (schwarze Maulbeere)	–	–
Quitte	–	Blüte	Blüte	Blüte	–	–	Frucht	Frucht	Frucht
Sanddorn	–	–	–	–	–	Frucht	Frucht	Frucht	–
Steinweichsel	–	–	–	–	Frucht	Frucht	–	–	–
Walderdbeere	–	junge Blätter	junge Blätter	junge Blätter, Frucht	junge Blätter, Frucht	junge Blätter	junge Blätter	–	–
Walnuss	–	–	junge Blätter	Frucht, Blätter	Blätter	Blätter	Frucht	Frucht	–
Weißdorn	junge Blätter	junge Blätter, Knospen, Blüte	junge Blätter, Knospen, Blüte	Blüte	Frucht	Frucht	Frucht	–	–
Zierapfel, Wildapfel	–	–	–	–	–	–	Frucht	Frucht	Frucht
Zwetschge	–	–	–	–	–	–	Frucht	Frucht	–

Zeichenerklärung: Triebspitzen, junge Blätter, Blätter, Knospen, Blüte, Frucht

Register der Rezepte

Webadressen und Bezugsquellen

INFORMATIONEN ZU PFLANZEN:

www.gartendatenbank.de
www.infoblaetter.fagw.info/kurzinfo
Fachhochschule Weihenstephan, Forschungsanstalt für Gartenbau /Wissenspool
www.wildobst.de
Übersicht der Wildobstarten und -sorten, auch für Erwerbsanbau, Gartentipps, Literaturhinweise
www.bio-gaertner.de
Nachschlagewerk und Einkaufsberater, Pflanzenporträts, Pflegehinweise, Gartenideen, Ernährung
www.botanik-bochum.de
Pflanzenbilder und Porträts
www.heckipedia.at
Ständig wachsende Enzyklopädie über Hecken und Heckensträucher
www.hausgarten.net/obst-obstgarten
Informationen rund um Gartengestaltung und -pflege, Ratgeber und Serviceportal, Communities
www.kaesekessel.de
Informationen zu Kräutern und Pflanzen aller Art, naturnahes Leben im Einklang von Mensch und Tier
www.welt-der-rosen.de
Einfach alles über Rosen
www.zauber-pflanzen.de
Informative Einladung, sich mit Pflanzen zu befassen

INFORMATIONEN ZU HEILPFLANZEN:

www.forum-naturheilkunde.de/phytotherapie/index.html
www.kraeuter-verzeichnis.de/
www.heilkraeuter.de
www.dr.hauschka-med.de
www.medical-mirror.de
www.heilpflanzen-suchmaschine.de
www.dr.hauschka-med.de
www.natur-forum.de

GARTENGESTALTUNG NACH ÖKOLOGISCHEN GESICHTSPUNKTEN:

www.naturgarten.org/
www.nabu.de/oekologischleben/balkonundgarten/gartenelemente

BEZUGSQUELLEN FÜR SAAT- UND PFLANZGUT:

www.Ahornblatt-Garten.de
Die Naturgarten Spezialisten: Naturgarten-Planung, Beratung, Versand, Gartenmarkt, großes Sortiment seltener Erdbeeren
www.bio-garten.at
Biogartenshop, Workshops, Vorträge, geführte Wanderungen
www.bioland-baumschule.de
Versandbaumschule Aloys Pöhler mit umfangreichem Sortiment an Wildobstarten und -sorten aus ökologischer Produktion
www.blauetikett.de/
www.deaflora.de
Gärtnerei und Versand von Aromapflanzen, Wildobst und Kräutern
https://www.ruehlemanns-shop.de/
www.gaertnerei-strickler.de
Bioland Kräuter und Wildpflanzengärtnerei, Informationen zum Thema Naturgarten, Veranstaltungen und Seminare, Versandshop
www.wildobst.com
Wildobststräucher, Wildobstbäume, Hagebuttenrosen, Frage-Antwort-Portal
www.lubera.ch
Obst- Beeren- und Rosenpflanzen, ausführliche Beschreibung und Kultur-Anleitung,
www.manfredhans.de
Pflanzenraritäten, seltene und alte Sorten, Auktionen von Saatgut und Pflanzen

SONSTIGES:

www.koelner-zucker.de
Obstkalender und Rezeptideen, Rezeptbroschüren und Etiketten zum Bestellen und Download
www.sandokan-shop.de
Alles mit Sanddorn und mehr
www.dirker.de
Edelbrennerei für Steinweichsel-Kirschwasser und andere (Wildobst-)Brände, Schnapsproben für Gruppen, Laden und Onlineverkauf
www.castanea.info
Reisevorschläge in Kastaniengegenden
http://sandos-naturkost.de
Getrocknete Früchte
www.oekologisch-gut.de
Trockenfrüchte aus aller Welt
www.tali.de
Versand von Nüssen, Trockenfrüchten, Gewürzen und orientalischen Spezialitäten
www.imkerei-bunsen.de
Bioland Imkerei in der Pfalz, Spezialitäten wie Kastanienhonig, Internetshop
www.mundraub.org
Übersichtskarte über frei nutzbares wild wachsendes Obst, man kann auch eigene Fundstellen eintragen
www.castanea.info
Rezepte und Reisevorschläge in Kastaniengegenden

Literaturtipps

Aichele, Dietmar; Golte-Bechtle, Marianne: Das neue Was blüht denn da? Stuttgart: Kosmos, 1997.
Bühring, Ursel: Alles über Heilpflanzen. Erkennen, anwenden, gesund bleiben. Stuttgart: Ulmer, 2007.
Dreyer, Eva Maria: Essbare Wildpflanzen Europas. 1500 Arten. Stuttgart: Kosmos, 2010.
Dreyer, Eva Maria u. Wolfgang: Wildkräuter, Beeren und Pilze. Erkennen, Sammeln, Genießen. Stuttgart: Kosmos, 2008.
Fleischhauer, Steffen Guido: Enzyklopädie der essbaren Wildpflanzen. Baden: AT Verlag, 2005.
Harmann, Walter; Fritz, Eckhart u.a.: Farbatlas Alte Obstsorten. Stuttgart: Ulmer, 2008.
Kraut und Rüben. Magazin für biologisches Gärtnern und naturgemäßes Leben. Monatszeitschrift. München: DLV.
Kreuter, Marie-Luise: Der Bio-Garten: Gemüse, Obst und Blumen naturgemäß angebaut. München: BLV, 1981.
Maag, Thuri; Lüscher, Erika: Wildfrüchte: Botanik - Anbau - Rezepte. Lenzburg: Fona Verlag, 2009.
Pirc, Helmut: Wildobst und seltene Obstarten im Hausgarten. Graz: Leopold Stocker Verlag, 2009.
Scherf, Gertrud: Wildkräuter und Wildfrüchte für die Küche. Erkennen, sammeln, genießen. München: BLV, 2009.
Schröder, Kerstin: Wildpflanzen - aus dem Garten auf den Tisch. Ostfildern: Thorbecke, 2009.
Wengel, Tassilo: Wildobst: Sammeln und Zubereiten. Leipzig: Verlag für die Frau, 2008.

Danke!

Mein herzlicher Dank gilt zuallererst meiner Familie, die wieder mit viel Geduld, ehrlicher Kritik und auch viel Genuss die Entstehung der Rezepte und Fotos begleitet hat.

Bei Frau Wölke und ihren Kindern aus Mainz Bretzenheim möchte ich mich für die spontane Erlaubnis bedanken, die Felsenbirnen aus ihrer Gartenhecke pflücken zu dürfen. (Die sie im nächsten Jahr sicher selbst ernten werden.)

Danke auch Frau Antonietti, die mir im Namen der Eigentümerversammlung gestattete, Kornelkirschen in der Grünanlage zu pflücken und den anregenden Gedankenaustausch über die Ernte und Verarbeitung wilder Früchte.

Den Naturgartenspezialisten der Firma Ahornblatt und ganz besonders Herrn Christoph Weinrich ein besonders herzliches Dankeschön. Mit offenen Ohren für meine Fragen und offenem Tor zum Gartenmarkt für Ur- und Wildobst in Mainz-Zahlbach haben sie meine Recherchen zu vielerlei Fragen erleichtert.

Odile Landragin, in deren zauberhaftem Garten und liebevoll geführter Gärtnerei im Mainzer Stadtteil Gonsenheim ich viel mehr als die Maulbeeren gefunden habe, ist mir eine liebe Freundin geworden. Zahlreiche Inspirationen und Erfahrungen aus regem Austausch über alte und seltene Pflanzen, ihre Standorte und Verwendungsmöglichkeiten sind in dieses Buch mit eingeflossen.

Meine Lektorin im Jan Thorbecke Verlag, Frau Dr. Janina Drostel, hat in bewährter Zusammenarbeit die Entstehung dieses Buches von Anfang an begleitet und unter vielerlei Gesichtspunkten die Stimmigkeit der Texte geprüft.

Nicht zuletzt ein großes Dankeschön den Grafikern, die meinen Worten und Bildern einen angemessenen Rahmen gegeben und sie zu einem Gesamtwerk vereint haben.

Bildnachweis

Sämtliche Fotos stammen von Annette Kretzschmar.
Historische Abbildungen:
Dressendörfer, Werner: 22, 55, 61 (Trew, Kräuterbuch der Elizabeth Blackwell);
Stadtbibliothek, Trier: S. 17 (Sign.: D 342);
Württembergische Landesbibliothek, Stuttgart: S. 11 (Sickler, Der Teutsche Obstgärtner, 1794-1804); 47 oben, 73, 91 unten, 95 unten, 103 rechts (Weinmann, Eigentliche Darstellung, 1735); 82 (Knorr, Thesaurus rei herbariae, 1772).
Verlag und Autorin danken den Rechteinhabern für die freundliche Genehmigung zum Abdruck. Besonderer Dank geht an Herrn Dr. Eberhard Zwink, den Leiter der Abteilung Alte und Wertvolle Drucke der Württembergischen Landesbibliothek Stuttgart, für seine fachkundige Unterstützung.